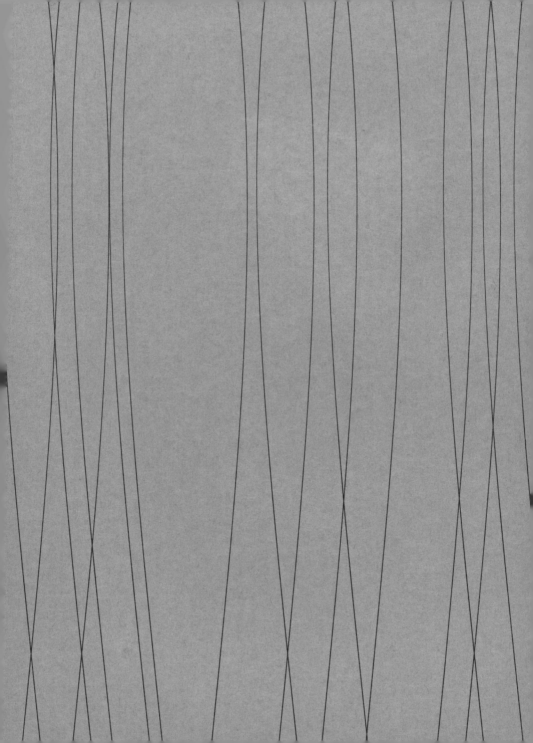

黃金之葉

行進於知識的密林裡，
途徑如此幽微。
我們尋覓一些參天古木，作爲指標，
我們也收集一些或隱或現的黃金之葉，引爲快樂。

黃
金
之
葉
18

Net and Books 網路與書

杜威的三十二堂課

胡適口譯，百年前演講精華

JOHN DEWEY'S LECTURES IN CHINA, 1919-1920:
SOCIAL AND POLITICAL PHILOSOPHY, AND A PHILOSOPHY OF EDUCATION

作者：約翰．杜威（John Dewey）
口譯：胡適
導讀：王清思
特約編輯：許景理
責任編輯：張雅涵
設計：林育鋒
校對：呂佳真

出版者：英屬蓋曼群島商網路與書股份有限公司臺灣分公司
發行：大塊文化出版股份有限公司
臺北市 10550 南京東路四段 25 號 11 樓
www.locuspublishing.com
TEL：(02)8712-3898　FAX：(02)8712-3897
讀者服務專線：0800-006689
郵撥帳號：18955675　戶名：大塊文化出版股份有限公司
法律顧問：董安丹律師、顧慕堯律師

Cover Image: John Dewey/ User: Howcheng/ Wikimedia Commons / Public Domain

總經銷：大和書報圖書股份有限公司
地址：新北市新莊區五工五路 2 號
TEL：(02)8990-2588　FAX：(02)2290-1658
製版：瑞豐實業股份有限公司

初版一刷：2019 年 5 月
定價：新臺幣 380 元
ISBN：978-986-96168-8-1

Printed in Taiwan

杜威的三十二堂課

胡適口譯,百年前演講精華

JOHN DEWEY'S LECTURES IN CHINA

1919——————1920

SOCIAL AND POLITICAL PHILOSOPHY,
AND A PHILOSOPHY OF EDUCATION

約翰・杜威 John Dewey——著

胡適——口譯

王清思——導讀

目錄

導讀　五四中國眼中的杜威和杜威眼中的中國　王清思　008
版本說明　網路與書編輯部　019

社會哲學與政治哲學

引言　胡適　026
一、思想和哲學的作用　028
二、科學、社會哲學，以及社會改造　038
三、社會衝突的起因　050
四、社會改革的三個時期　059
五、鑑別思想體制的三個標準　069
六、共同生活的重要和基礎　077

七、社會哲學和政治哲學應該討論的具體問題 086
八、個人主義的起源 095
九、社會主義的出現 104
十、國家的問題 113
十一、政府的問題，以及德國的答案 123
十二、政府的問題，以及英國的答案 133
十三、個人的三種權利 141
十四、國際的問題 151
十五、科學的三層意義 159
十六、思想自由的目的 168

教育哲學

一、教育與教育哲學為什麼重要？ 178
二、許多教育方法和哲學失敗的原因 186
三、兒童的本能 194
四、做戲與工作 202
五、學校的作用 210
六、學校裡的共同生活 218
七、預備將來，是教育的結果而不是目的 225
八、科學進步對教育的影響 234

九、科學和道德生活的關係 243
十、科學方法的重要 253
十一、科學的內容或材料之重要 262
十二、教育的原理和學制 272
十三、怎麼學地理和歷史 282
十四、職業教育 291
十五、道德教育——個人方面 299
十六、道德教育——社會方面 308

導讀

五四中國眼中的杜威和杜威眼中的中國

王清思（國立嘉義大學教育學系教授）

這本書的誕生，緣起於杜威在五四中國的歷史際會，讓我們先來了解當時的背景與意涵。

杜威與五四中國

我們都知道美國學者約翰．杜威（John Dewey）在教育界和哲學界的影響力，也知道杜威有幾位名聲響亮的中國弟子，如胡適、蔣夢麟、陶行知等，但或許不知道**杜威本人與中國有一段不解之緣**。

一九一九年二月期間，杜威和夫人在日本旅遊和講學，他接到了胡適的訪華邀請，決定造訪中國。身爲第一位正式受邀到中國講學的外國學者，杜威與五四中國的相遇宛如一場歷史大戲，他於五四前夕抵達了風雨飄搖、動盪不安的中國，迎接他的除了久違的學生，還有震撼人心的五四學生示威運動。這個巧妙的因緣際會，造就了兩年兩個月之久的講學之旅，足跡遍及十一個省分。

甫抵達中國時，杜威在日記中興奮地寫道：「接待我們的是一個年輕的中國。我們之間會發生什麼故事，我很期待。」根據杜威女兒的說法，中國是杜威除了美國最愛的地方。

五四運動是中國給杜威的最佳禮物。五四運動激起的社會浪潮和求變的社會氛圍，引發杜威探究的興趣，若不是因爲他正好在這精采的歷史交會點上抵達中國，很可能停留兩、三個月之後，就會返回美國。杜威曾說，對於喜好觀察與研究人類事物的他，中國正在爲他上演一齣精采的劇碼。然而，**在這齣戲中，杜威不僅是看戲的人，也是戲中的演員。**

五四知識分子將杜威奉爲西方民主與科學的化身，熱切地向他請益。作爲一位老師，杜威將他所知的一切教給了他們，不僅透過正式的專題系列講座，還有各類的小演講，一共約有兩百場之多。杜威在北京的系列演講由胡適翻譯，包含「社會哲學與政治哲學」、「教育哲學」，另有「思想之派別」、「現代的三個哲學家」和「倫理講演紀略」。杜威演講結束後，內容就會刊印在報紙上，並且在期刊上重印。杜威本人的英文著作，《學校與社會》（*The School and Society*, 1899）、《明日學校》（*Schools of Tomorrow*, 1915）、《民主與教育》（*Democracy and Education*, 1916）和《哲學的改造》（*Reconstruction in Philosophy*, 1920）也被翻譯成中文。杜威思想在五四中國的傳播力和影響力非同小可。

說到五四中國的杜威，不免要提到和他有關的各種名號。他所提倡的實驗主義（Experimentalism）使他被大家稱爲「賽先生」（Mr. Science）；他所重視的民主讓他冠上「德先生」（Mr. Democracy）的稱號；他對平民百姓教育的關注，又使他獲得了「平民教育家」的美名。當時北京大學的蔡元培校長也特地用「現代孔子」來比喻杜威，因爲杜威和孔子一樣，都深信教育才是推動社會文化變革的根本力量，強調思想與實踐並重，知與行合一。然而，在五四中國，將杜威比喻成孔子，多了某種特殊意涵，好似杜威可以直接取代孔子，成爲新的知識權威。然而，全盤拋棄舊有、接受西化，並非杜威所樂見。

杜威認爲，五四新文化運動提倡的思潮固然重要，但也明白空談理論而沒有實際解決問題之行動，亦是枉然。他提醒年輕人不應空談理論、盲信各種學說，如當時流行的無政府主義（Anarchism）、自由主義（Liberalism）、社會主義（Socialism）、基爾特社會主義（Guild Socialism）、馬克思主義（Marxism），甚至包括他自己的實用主義（Pragmatism）在內，都不應被視爲絕對的眞理。

杜威希望年輕人能將心力放在積極改革社會的實際作爲，例如改善水利、交通運輸、貨幣制度、疾病瘟疫和醫療等等，然而有些人卻因此批評杜威演講的「知識水準不夠」。其實，杜威終其一生是知識的行動者，對他而言，知識是用來探究、解決問題的，而非用來裝飾或尊崇膜拜的。

杜威在中國，不僅是一位老師，也是一位學生。姑且不論他給予中國人的建議是否被採用，或他到底影響了哪些知識分子，杜威的中國行對他自己而言，無疑是開啓新視野的重要學習。筆者的英文專書《John Dewey in

China: to Teach and to Learn》（紐約：美國紐約大學出版社 SUNY 出版，二〇〇七）探討了杜威在中國的教與學之歷程，此歷程對他的意義，以及後續思想的影響。《哲學與文化》月刊也曾刊登筆者一篇相關著作，有興趣的讀者可以自行找來參考，相信會對杜威的中國行有更深入的了解。

杜威訪華一百週年

二〇一九年，「網路與書」出版公司爲了慶祝杜威訪華一百週年，決定重新出版杜威在中國的演講精華（即本書《杜威的三十二堂課》），並翻譯杜威在日本與中國的書信（即《一九一九，日本與中國：杜威夫婦的遠東家書》）。筆者受邀爲這兩本書撰寫導讀，除了深感榮幸之至，也被強烈的使命感驅策著，衷心希望讀者透過我的導讀和這兩本書籍的閱讀，感受到我十五年前研究杜威中國行時，內心所萌生的悸動。

對我而言，了解杜威的中國行，讓我更認識杜威，更能掌握他的實用主義哲學觀，也更能體會他的民主理念如何落實在他的生命實踐中，讓我對他的知行合一產生莫大的崇敬。而這種感悟是閱讀杜威的一般性著作比較難以獲得的，畢竟杜威很少在作品中談到自己。這次出版的兩本書，分別讓讀者有機會一窺杜威在五四中國的雙重身分：老師和學生。杜威的演講讓我們看到他是怎樣的一位老師，他的書信集則讓我們瞥見杜威是怎樣的一位學生。

關於杜威演講內容的選擇，即「社會哲學與政治哲學」和「教育哲學」（即本書所指的三十二堂課），筆者認爲十分適當。前者的意義可用「瞻前」形容，後者則是「回顧」。如同胡適所言，「社會哲學與政治哲學」是杜威爲了配合當時中國社會所需，首次嘗試以實用主義的角度論述杜威自己的社會哲學與政治哲學。「教育哲學」系列演講則是回顧性的，內容涵蓋杜威先前教育論著的重點精華。筆者認爲這些資料的內容很可貴，因爲杜威的演講方式比較淺顯易懂，不僅條理分明，也輔以很多具體例子加以說明，脈絡的梳理十分有系統性，讓人更容易明白杜威所言爲何，爲何言之。

在這兩系列演講中，杜威都大力鼓吹科學和宣揚民主。賽先生和德先生的封號，果然實至名歸。以下分述演講內容的重點。

政治哲學和社會哲學

杜威將社會哲學和政治哲學廣義地定義爲關於人類共同生活的學說，他告訴了我們：自古以來有哪些學說，爲什麼會出現這些學說，有何特色和侷限，以及爲何要探討這些學說？過往的學說有何通病？杜威的分析十分詳盡有條理，但是，他最主要的目的，還是在於提出自己的社會政治哲學，他企圖以實用主義重視科學的角度出發，強調將探究和求實的態度應用在社會人生議題的探討，並輔以民主社會生活的標竿理想，重新建構當代社會所需的嶄新學說。

杜威提倡以具體情境的問題解決，取代過去過度關注抽象籠統的概念，不僅產生不必要的二元對立，也無助於有效解決社會各階層、各面向所遭遇的具體問題。最後杜威提出自己的創新想法，知識的社會主義，此想法還是根源於他深信的民主理念，知識的分享。

作爲賽先生的杜威主張解決社會問題時，採取實驗的、科學的方法，同時也強調現代科學對人的精神價値層面的積極作用。杜威認爲，如果我們希望控制環境，而非爲環境所控制；如果我們希望以智慧，而非迷信，來指導生活，那我們所發展出的新思維，勢必要反映出實驗科學背後的探究精神。如果科學方法的探究精神不能應用在人的社會生活，不能爲普通人服務，那麼人類社會共同面臨的困境將得不到解決，人類文明的發展終將受到巨大的阻礙。

教育哲學

在談論教育哲學的演講中，杜威指出了教育哲學在新世紀的重要，讓世人能以日新又新的精神從事教育、研究教育，不再盲從舊俗。在過去保守不變的社會裡，大家習慣固守舊有、恐懼新奇、害怕嘗試、和逃避困難。進步的社會則鼓勵人們探尋新奇、敢冒風險，並且承擔責任。現代教育應當拋掉精英主義的殘餘，在學科教學和現實生活之間找到連結，培養孩子主動學習和創造的能力。

杜威說，傳統教育受到舊知識論之影響，假定孩子是被動的，認爲他們的頭腦就是一個需要填充的容器。傳統學校也將各個學科孤立起來，把預定好的學科內容灌進孩子的頭腦裡。採用的學習方法不外乎記憶、背誦和考試。

因此，傳統教育培育了貴族階層，並且誇大了舊知識的價值。另一方面，新教育則假定孩子是主動的，並且認爲學習是內在興趣和傾向的結果。知識被視爲一套可以指導行動的工具，而且是要通過在實際生活中解決問題，才能獲得的。學校的目標，就是幫助學生在現實生活中。界定並解決自己遇到的問題。

杜威也批評學校教育將知識學習與道德培養劃分開來的想法。倘若教師仍舊不斷給學生灌輸知識，仍舊將學和做孤立起來，這種割裂就會一直存在，不僅有礙學科學習，也有礙道德培養。杜威反對將道德以獨立學科的方式直接灌輸給學生，因爲無論知識還是道德，都不可能由一個人直接傳授給另一人，必須透過眞實的人我互動與交流的情境，才能內化。所以，他說，當服務的精神蔓延在整個課程和學校的氛圍之中時，學生就自然而然的在接受道德教育。學校應當啓發學生運用同情心和想像力關注社會所需，這樣才能成爲有道德判斷力和道德責任感的人。另外，杜威很看重如何培養一顆開放的心，否則會因成見、驕傲和功利心阻斷了成長之路。對杜威而言，受道德指引的人生是不斷從社會生活中學習與成長的人生，也是有意義的人生。

閱讀本書的好處

有閱讀過杜威原典的人都應該知道，他的原著並不好讀。常常一句看似簡單的話，背後卻承載著許多豐富的深義，必須反覆咀嚼。

杜威的演講，比起他的原著，更容易吸收。我猜想他所設定的應該是對西方學說了解有限的一般聽衆，所以他必須從頭說起，慢慢再加深內容。相信有經驗的讀者可以試著去體驗閱讀杜威演講和杜威原著的差異。不過，重要的是，這些演講並沒有背離杜威原著的核心內容，所以讀者不會因爲易讀，而犧牲了思想的深度或可信度。

即便你已經非常熟悉杜威的教育哲學思想，再次閱讀這些演講，亦能帶來收穫。我發現杜威似乎會特別針對他學說容易遭誤解的部分，提出更清楚的闡釋。想想杜威訪華期間，距離他出版《民主與教育》等專書，已有三年之久，我相信杜威應該知道他的哪些觀點容易遭到誤解，他應該如何說明，才能減少誤解。舉例來說，杜威看似反對史賓賽（Herbert Spencer）的教育預備說，但事實上，杜威並非認爲教育不用爲未來做準備，而是他強調「步步都是生活，所以步步都是預備」。準備是結果，不是目的。

在社會哲學與政治哲學演講中，我們也有機會看到杜威闡釋其政治理論的基本前提（assumption），這會有助於了解他的核心理念。舉例來說，杜威最常被引述的一個觀點是關於衡量某種社會生活是否民主的標準：他說標準有二，第一是群體之間是否有很多共享的各種興趣和利益，第二是群體之間是否有很多自由充分交流與互動的機會。演講中，杜威強調社會衝突不是發生在個體和社會之間，而是群和群之間，有些群的利益已被社會認可，有些尚未，故希望爭取認可；唯有群和群之間有良好的溝通交流，社會才能化解衝突，也才能發揮社群生活本身的教育功能，臻於和諧。杜威的社會政治哲學之出發點，跟先前學者的假定很不同。了解了杜威的前提假定，就能更明白民主與教育的關聯，也就能了解爲何杜威強調民主就是社群生活本身。

當然，這些演講特別的原因，也在於是由杜威弟子胡適所翻譯。胡適先生的中英文造詣令人讚佩，透過他流暢的翻譯和順暢的口語表達，使得演講內容對於中文讀者，備感親切。希望研究或了解杜威學說的讀者，這本書值得參考。感謝「網路與書」的出版，也希望杜威主張的探究實驗精神以及他奉行的民主理念，在二十一世紀的今日，能繼續啓發有心想要改變自己、改善社會，想要在每個角落、每個場域，繼續堅持理想的我們。

版本說明

網路與書編輯部

一九一九年春天，美國哲學家杜威在訪問日本期間，臨時受邀前往中國講學。他與妻子愛麗絲在四月三十日抵達中國，最後改變計畫停留了兩年兩個多月，直至一九二一年七月十一日才返美。

這段期間，杜威除了在大學院校授課，也在各地發表了系列的長篇演講、短篇演講，多達兩百餘場，對當時的中國知識分子影響深遠。

杜威這些演講，由胡適、蔣夢麟等學者口譯，現場人員筆記，會後刊載於報章媒體，部分演講更曾經整理出書。其中最廣為流傳的，是《晨報》於一九二〇年出版的《杜威五大講演》，集結了杜威在北京發表的五場長篇系列演說，不但當時甚為暢銷，日後也持續有人重印出版。時隔久遠之後，其中有些版本也難免有舛錯遺漏之處。

二〇一九年適逢杜威抵華一百週年，我們出版的《杜威的三十二堂課》，集中在杜威長篇演講中最著名的兩個講座。

一個講座是他在北京大學法科大禮堂講的「社會哲學與政治哲學」（一九一九年九月二十日起，每週六下午四點演講，持續至隔年三月）；一個講座是他在北京西單手帕胡同教育部會場講「教育哲學」（一九一九年九月二十一日起，每週日上午九點演講，持續至隔年二月）。兩個系列的講座各講了十六場，合計三十二場。

我們所以選這兩個系列的講座，不只因爲其意義和重要性格外重要，也出於版本的考慮。

杜威在華期間，除了演講之外，還發表了許多文章。文章都收入了他的全集之中，但是演講卻都沒有。因爲這些演講雖然都以英文演說，但長年未曾尋獲英文講稿。百年來，杜威這些演講最「直接」的記錄就是經過口譯與筆記的中文稿件。

一九六二年，一些從事杜威研究的學者深感這些演講之重要，遂組織團隊將中文記錄譯回爲英文[1]；一九七三年，夏威夷大學出版社將這些英文譯稿中「社會哲學與政治哲學」及「教育哲學」部分編整爲《杜威在華演講，一九一九—一九二〇》（*Lectures in China, 1919-1920*）出版印行。[2]

「回譯」（back-translation）做法經過多重轉譯手續，雖然無法呈現原稿的狀態，但是夏威夷大學這個版本已經力求完整。[3]進入二十一世紀之後，美國德堡大學（DePauw University）江勇振教授於北京社會科學研究院近代史研究所「胡適檔案」中尋得一批標註「SPP」（Social and Political Philosophy 縮寫）的文稿，研究出這是杜威以打字機繕打的「社會哲學與政治哲學」原文講稿殘篇，並於二〇〇九年提出發現後，世人又有了更接近杜威本人的文本可參考。

1參與者有在夏威夷大學攻讀教育的臺灣研究生 Lu Chung-ming、夏威夷大學教授克洛普頓（Robert W. Clopton）與時任香港中文大學新亞書院院長吳俊升等人。2其餘講座譯稿並未印刷上市，需向該校另行訂購始可參閱。3胡適曾在《新青年》連載引言中提及杜威計畫將講稿整理出書，但此計畫終究未成。一九六〇年，周策縱在其英文著作《五四運動史》（*The May Fourth Movement: Intellectual Revolution in Modern China*，哈佛大學出版社）中曾英譯過片段摘文。

本書的編輯，即參考夏威夷大學出版社的版本，全書分「社會哲學與政治哲學」及「教育哲學」兩個講座，每個講座各十六篇，是爲書名《杜威的三十二堂課》由來。

至於各篇名標題，我們主要根據夏威夷大學出版社版本，再做些調整。

至於內文，我們則盡力重現最忠實的中文版本。

杜威的這兩個講座，均爲胡適口譯。但筆記者有不同版本的差異。

「教育哲學」講座，只有《晨報》連載、出版之記錄，筆記人爲「伏廬」（即孫伏園）。

「社會哲學與政治哲學」講座則有兩個版本。一是《晨報》於一九二〇年八月出版成書的版本，文前註明由「毋忘」（本名未能確認）記錄前四講，伏廬記錄後續十二講，最後由伏廬統一校訂修改；一是《新青年》於一九一九年十二月至一九二〇年九月刊載的版本，連載前附有胡適引言，依據各篇文前標示，十二月至二月刊行的前九講由高一涵筆記，三月起所載的後七講由孫伏園所記。

夏威夷大學編譯團隊比較了「社會哲學與政治哲學」這兩版譯稿，認爲《新青年》版高一涵的前九講記錄詳細，且筆調接近杜威當時的風格，故以該版作爲翻譯基礎。

因此本書的「社會哲學與政治哲學」部份，前九講也捨目前市面上較多的《晨報》版本，而改採用《新青年》版本。後七講孫伏園的記錄，在《新青年》、《晨報》兩個版本中差異甚小，但是遇到不同、有疑義之處，我們就查閱新近發現的英文演講殘稿校訂，殘稿中無記錄者[4]，則參考夏威夷大學編譯團隊的詮釋。

總之，我們盡最大努力，希望能使這三十二堂課更接近杜威演講、胡適口譯的「原音重現」。

本書編輯過程中，感謝中央研究院近代史研究所胡適紀念館提供相關檔案與資訊，以及江勇振教授、嘉義大學王清思教授提出許多方向和細節上的建議，讓這個版本得以面世。

最後，也建議讀者在讀完本書之後，可以再讀杜威所著的《民主與教

4 殘稿有第一、二、三、四、六、十、十一、十二、十六講。

育》。《杜威的三十二堂課》是他對「民主」和「教育」深入淺出，生動的演講；《民主與教育》則是他對這兩個議題完整的理論闡述。兩者並讀，相得益彰。

社會哲學與政治哲學*

◎高一涵、孫伏園 筆記

引言

胡適

杜威博士這一次在北京有兩種公開的長期講演：一種是「社會哲學與政治哲學」，一種是「教育哲學」。杜威先生的教育哲學是不用特別介紹的了。我現在且說幾句話，介紹他的社會哲學與政治哲學。

杜威先生這一派的實驗主義，心理學一方面有詹姆士[1]以來的新心理學；名學一方面有杜威和失勒[2]諸人的名學[3]；人生哲學一方面有杜威與突夫茨[4]諸人的人生哲學；教育一方面更不用說了。獨有政治哲學一方面至今還不曾有系統的大着作出世。英國的華拉士[5]，美國的拉斯基[6]李宇曼[7]諸人的政治學說都是受了實驗主義的影響的。但是我們至今還不曾有一部正式的「實驗主義的政治哲學」。所以今年杜威先生同我商量講演題目時，我就提出這個題目，希望他藉這個機會做出一部代表實驗主義的社會哲學與政治哲學。他狠[8]贊成我這個意思，故有這十六次的長期講演。這是杜威先生第一次正式發表他的社會與政治哲學。我狠希望中國的讀者不要錯過這個很難得的機會。杜威先生的講演是我翻譯的，是我的朋友高一涵筆記的。這一次所登，都是一涵的記稿。

杜威先生現在正要把他的原稿修改成一部書，書成時我要譯成漢文。將來那部書的英文中文可以同時出世。這一次所登載，已經一道口譯，又經一道筆述，一定有許多不狠恰當的地方。這是一涵和我都要請讀者原諒的。

八年十一月

＊此爲杜威一九一九年九月二十日起在北京大學法科大禮堂的講詞，共講十六次，由胡適口譯，本書採用《新青年》刊載版本，由高一涵及孫伏園分別筆記前九講及後七講。1 William James（1842-1910）：美國哲學家、心理學家。2 Ferdinand Canning Scott Schiller（1864-1937）：現多稱席勒、希勒，英國哲學家、實用主義者。3 研究關於推理、思考所以得爲正、誤的一般性原理與法則的學說。4 James Hayden Tufts（1862-1942）：美國哲學家。5 Graham Wallas（1858-1932）：現多稱華萊士、華勒士，英國政治學家、心理學家。6 Harold Laski（1893-1950）：英國政治理論家、經濟學家。7 Walter Lippmann（1889-1974）：現多稱李普曼，美國作家、記者、政治評論家。8 狠：文中多處狠字應爲「很」。本書「社會哲學與政治哲學」講座內文沿用《新青年》版，爲求貼近當時代用字及語氣，故多處通用字並未修正爲現代慣用字，若遇罕見用字或語義不明處，會再行加註說明，望讀者海涵。

一 思想和哲學的作用

我這回講演的題目是「社會哲學與政治哲學」，換一句話說，就是關於人類共同生活的學說。學說發生本是很遲的，是先有制度然後才有學說，不是先有學說然後才有制度。譬如吃飯，先會消化然後才有生理衛生等學說；譬如說話，先有言語然後才有文法學、修詞學、名學。社會哲學和政治哲學也是這樣。人類先有社會的生活、風俗、習慣，遺傳下來，然後纔有社會哲學和政治哲學發生，所以可斷定思想發生必定在制度習俗成立之後。

人類有一種天性，遇到需要的時候，自然會有一種動作，去應付這種需要。如餓了自然會吃飯，疲了自然會睡覺。最初因爲遇到一種特別的事件，發生一種動作，久而久之，養成習慣，自然會照樣做去。也沒有人要問爲什麼有這個制度？爲什麼要這樣做不要那樣做？如果有人問他，他就說大家這樣做，祖宗傳下來是這樣做，單照習慣做事，並用不着學理的解釋。不但他們不願去問，並且最討厭人家問他。有許多志士對於現行制度習俗發生疑問，被當時大家仇視，把性命送掉的，歷史上常常看見。最重要的就是希臘的蘇格拉底（Socrates）。因爲他歡喜問這個爲什麼，那個爲什麼？後來人家討厭他，說他妖言惑衆，煽動青年，所以把他毒死。——這就是最初社會不歡喜學理的證據。

照這樣看來，思想既是一種可惡的討厭的東西，大家應該跟着制度習俗走就是，如何還有社會哲學和政治哲學發生呢？大概思想發生，必定在遇到困難的時候。平常的人多不肯用思想，祇願隨便做去，譬如吃飯走路，都是用不着想的，若遇到困難，如走路走不通了，或者距離太遠，還是坐馬車呢？還是坐汽車呢？到這個時候才有問題發生，到了發生問題，纔不能不發生思想。人類對社會政治也是這樣。最初的制度習俗，到了不中用的時候，才去研究到底爲什麼不中用？既然不中用了，到底有什麼方法補救沒有？所以思想發生必定在社會制度不中用和有病的時候，社會有病，才有社會哲學發生，政治有病，才有政治哲學發生。

從歷史上看來，人如果沒有病，一定不會發生醫學解剖學。醫學和解剖學發生，都是因爲人有了傷，染了病，逼着人不能不研究爲什麼有病？爲什麼要死？想一想看有法子救沒有？到這個時候，醫學和解剖學等纔會發生。社會政治也是如此。社會的生活有了病了，不得不去研究研究，看這種病根到底在什麼地方？到底要想出什麼補救的方法？這樣一來，所以才有社會哲學和政治哲學發生。

我們且看一看歷史，無論東洋、西洋，學說發生的原因大概都是從社會紛亂不安而起的。譬如希臘古代，社會政治起狠大的動搖，所以才有柏拉圖（Plato）、亞里士多德，等的哲學出現。如果我的觀察不錯，那麼中國的學說發生也應該如此。老子、孔子也生在中國社會政治紛亂的時代，因爲社會不安寧，所以才有老子、孔子兩派的哲學發生。

以上講的是社會哲學和政治哲學發生的原因，現在再講學說發生以後，對於社會和政治制度上有什麼影響。學說發生既然在社會有病的時候，那麼學說的用處，還是僅僅說明病狀？還是眞能治病呢？譬如醫學，祇是空說病狀的脈案，還是眞能治病的藥方呢？又如蒸汽祇是嗚嗚的放氣，還是能鼓動各種機械的動力呢？這個問題就是「學理在實際上有什麼影響？」就是「社會哲學和政治哲學在社會和政治的實際上有什麼用處？」

關於這個問題大概有兩個極端的學說，互相爭論：

（一）**是極端的理想派**：這派哲學家極端偏重理想，他們說無論什麼東西都由學理發生的。因爲他們極端崇拜理想，所以把非智識方面的種種勢力看輕了。所以這一派的斷語，就是一切制度習慣，都是學說的結果。依他們的眼光看來，這回歐洲的大戰[10]，完全是兩種思想學說互相衝突的結果。至於物質方面的影響他們是不大承認的。

（二）**是極端的唯物派**：這派哲學家說理想是果不是因，是由別的東西發生的，並不能發生別的東西。這回歐戰全是物質生活衝突的結果。他們以爲世界上大事不外爭生活上的種種利益，不但說政治和經濟是這樣，就連美術也是由生活發生的。依這派唯物歷史觀的眼光看來，這回歐戰可以完全作經濟競爭解釋，不是學理上的衝突，完全是物質上的衝突。德國在歐戰以前，國內的出產已超過一定的程度，所以不能不找出銷路，向海外發展。英國方面的經濟發展，全靠海上貿易，德國要爭海上的利權，劈頭就和英國海上利

9 Aristoteles（384-322 BC）：現多稱亞里斯多德。10 即一九一四年至一九一八年的第一次世界大戰，因主要戰地爲歐洲，故亦稱歐戰。杜威在三十二次演講中所指的大戰皆指第一次世界大戰。

權相衝突，所以這次歐戰可說完全是物質競爭的結果。

照他們的眼光看來，英、德兩國開戰並不是理想的衝突，說理想衝突都是假的，都是拿出好名詞欺騙小百姓的。德國資本家、軍閥派要想利用德國的小百姓，故意提出幾個哄人的名詞，如「文化」、「法律」、「服從」等，來號召一般人民。協約國方面也提出什麼「自由」、「正義」、「人道」等好聽的名字，叫許多人民替他們送死。這都是資本家和軍閥派作僞騙人的手段，揀幾個動聽的名詞，做他們保全自己物質上利益的工具，那裏眞有什麼理想的衝突呢？

我提出這兩派極端相反的學說，並不是想批評他，不過想引起人家研究，知道社會和政治的哲學在人生實際上到底有什麼影響罷了。現在我也用不着和這兩派辯論，姑且提出第三派的學說來。

這第三派學說，說思想學理起初都是事實的結果，並不是事實的原因，不過發生之後，和事實合在一起又可變成別種事實的原因。思想本是遇到困難才發生的，發生之後，於文化制度上總要生出變遷的。思想無形的傳播出去，傳到人的身上去，就把人變得和從前不同。所以思想發生以後，他的影響可以傳到人生行爲、品性、習慣上去。英、法、德三國哲學，如果從抽象上說，並沒有什麼意思，若從實際上看來，因爲三國的哲學不同，所以在人生日用上發生的行爲、品性、習慣也不同了。我們如知道思想怎樣影響於人生的行動，就可知道思想有什麼效果。既然知道思想可以影響人生行動，那麼那種思想是好的，那種思想是壞的，正是我們應該討論的。

思想學理的第一個功用：就是把本來暫時的變成永久的，本來變動的變成凝固的。比方有一件東西，若沒有學理的補助，不久就會消滅了，若是得了學理的補助，把他變做抽象的學說和主義，這件東西便可以固定，便可以永遠存在。但是這種效果是狠危險的。從歷史上看來，如天主教徒把亞里士多德的學說拿來做爲他們的正宗哲學，這就是一個例子。爲什麼天主教徒要把非天主教的學說拿來做正宗哲學呢？就因爲他們知道學理的作用可以把不凝固的東西凝固起來，一旦凝固起來，得了學理的保障，就可以永遠不朽。這個例子在中國更是顯而易見的。有許多制度因爲有孔子的學說替他們作保障，所以幾千來都不容易改變，可見得學理的功用實在有點可怕。

思想學理的第二個功用：就是能在危急的時候，維持一般人心，叫他們拚着生命財產不要，去做狠重大的事體。譬如這回歐戰用幾個「公理」、「正義」、「人道」等好聽的名詞，就可轟動無數的人民拚命去打仗。就依極端唯物派的見解，承認這些名詞是資本階級用來騙人的；他們既然承認好聽的名詞可以號召人民，就是他們承認人類的行爲不單受物質的影響，也還受許多學理的影響。所以到了危急的時候，祇有幾個抽象的名詞可以轟動一世，連那金錢、勢力也都喪失作用了，這還不是學理的功用嗎？

以上說的是理想兩種功用，是狠普通的，是狠顯而易見的。不但好的思想可以發生影響，就是壞的思想也可以發生影響的，並連那迷信幻想也都可以發生效果的。現在我們且討論學理怎樣發生影響，和現在的時代是否需要一種新的社會哲學與政治哲學。

社會哲學和政治哲學的派別，大概和人類性質的區別一樣，簡單說來，可分兩派，人類性質有急進、保守兩種，理想也有急進、保守兩派。

（一）**根本解決派**：這派人的思想總不滿意於現在的社會制度，一味的批評，說這個也不好，那個也不好，一方面攻擊現行制度，一方面設一個理想中的「烏托邦」。對於現在制度不想逐漸改良，祇想根本推倒。必定要把現在所有的制度一齊拿來根本推翻，另外建設一個「烏托邦」，才可以稱心稱意。

這派人對於現在制度，完全不睬，祇想有一個超出現在的社會政治。他們的學說全是破壞的，不是建設的。照學說發生的次序看來，激進一派往往在先，保守一派往往在後。例如希臘，先有柏拉圖，後有亞里士多德。柏氏所着的《共和國》[11]，完全和當時社會斷絕關係，憑他一人的理想，想出一個共產共妻的烏托邦。有這種根本破壞論在先，才有亞氏保守論在後。中國也是這樣，先有老子破壞的學說，然後才有孔子保守的學說。

因爲這派人不承認現代制度，要求理想的制度，所以特別注重個人，注重我的良知。以爲如果個人到了明心見性的地步，就可以做人生的監督，可以組成理想的「烏托邦」。

（二）**保持現制派**：這派人的思想也是不滿意於現行制度，但他們以爲制度原來是有道理的，後人不照着他原來的意思做去，所以才變壞了。比方政府本是一件好東西，政府原來的意思本不壞，所以壞者，不過是執政的人

11 *Republic*：現多稱《理想國》。

不照着原來的意思做罷了。因爲抱這種觀念，所以祇要找出制度原來的意思，並不必把所有的制度根本推倒。希臘的亞里士多德就屬於這一派，他以爲理想就在這社會制度之中，不要離開社會去找「烏托邦」。法國革命以前，所有的思想大概多是激進的，多是想把現行制度根本推翻的，到了十九世紀拿破崙（Napoléon Bonaparte）失敗後，又起了一層反動，漸漸趨於保持現行制度一邊。孔子也是這樣，他以爲制度都有個理想的標準，我們祇要照那理想的標準做去就夠了，用不着根本推翻的。

以上所說的兩派，第一派總相信自己，注重個人的理想，自己以爲是就是，自己以爲非就非。第二派對於個人不大相信，以爲個人的知識狠容易錯誤，祇有前言往行是狠可靠的。一是不承認現在的制度，祇想創造理想的制度，一是承認現在的制度，祇想找出他原來的眞意，一靠自己，一靠古人，一注重個人的反省，一注重考察研究，這兩種思想的結果，於社會政治上都發生一種狠大的影響。

歷史上雖然有許多學派，但歸總起來不外上說的兩大派。我形容這兩種學說容或有太過的地方，但我的目的，原不在於批評，祇想表示社會政治的背景，好引出第三派的社會哲學和政治哲學出來。人類有個通弊，不是太過就是不及，不是太偏於激進就是太偏於保守，不是說什麼都是好的，就是說什麼都是不好。幾千年來的人類大概多吃過這種虧的。要知道人類的生活並不是完全推翻現制可以解決，也不是完全保持現制可以解決的。人類最需要的是對於事實的判斷力，能判斷在某時間、某環境之中，應該找出某種方法來解決某種問題，隨時隨地找出具體的方法來對付具體的問題，這便是第三種哲學。

以上說過的兩派同犯了一個籠統的毛病。一派說現在什麼制度都不好，不怕立刻就要造出一個天堂出來；一派又說現在什麼制度都好，祇要照着理想的標準去做就完了。可是因爲犯了這個籠統的毛病，把具體的問題都拋在九霄雲外去了。

總歸一句話，現在哲學的問題，就是怎樣可使人類的知識智慧可以指揮監督人生的行爲？想出什麼工具來應付現在所處的環境？這是第三派社會政治哲學的問題，且待下回再講罷。

二　科學、社會哲學，以及社會改造

十九世紀歐洲思想史有個共同的趨勢：就是都想創造社會的科學——關於人生的科學。把從前適用於自然科學的律令，漸漸用到人生社會方面去，拿自然科學的方法來解決社會科學，這便是科學的精神對於人生社會上發生的影響。今天我要講的就是第三派社會哲學和政治哲學怎樣受科學精神的影響。

近世科學的起源是先從人生關係狠少、狠遠的地方來的。最初發現的是天文學，再進一步，便是無生機的物理化學，更進便是有生機的生物學。到了現在才學得人生社會的問題也許可以拿科學的方法來研究，所以和人生關係狠少、狠遠的科學，也漸漸和人生接近，科學的方法也漸漸適用到人生社會事件上來了。結果就生出許多關於人生社會的科學，如研究人種起源進化及生活情狀的叫做人類學，研究人類生計的叫做經濟學，研究人生在國家內一切組織的叫做政治學，研究人類信仰的叫做宗教學，研究人類過去的情狀叫做歷史學，研究人類交通意思的工具叫做言語學。這都是用自然科學的律令方法來解釋人生社會事件的社會科學。

剛纔所說各種科學，無論他有功效無功效，是成功是失敗，但總有一句話可說：就是自打這些科學發生之後，人類心理上、態度上生出一大變遷。從前的人都以爲祇有自然科學如數學、物理學、化學等有天然的律令可說，至於人類的生活，最難得有條理、有律例的，應當列在科學範圍之外。到了現在大家也覺得人生的事業、心理的活動，也是有條理、有律例可尋的，也可以用解釋自然現狀的方法來解釋他，這便是科學發生影響於人生問題的地方。

但是社會科學家雖然發明了許多社會科學，對於社會哲學總是看不起。他們以爲哲學是玄想的，不是根據事實的，不像自然科學有一定的律例，有可憑的事實，這樣空中樓閣的玄想，是狠不值得研究的。

我對於社會科學家的見解，原不想去批評的，但有一點我們應該特別注意：就是社會科學的原理通則往往本來是從特別地方、特別情形之中找出來的，預備爲某個時代、某種人民應付某種環境的，後來方才被社會科學家推廣出來，要想變成「建諸萬世而不悖」，「放諸四海而皆準」的科學律令。我們且拿經濟學做個例，經濟學原是十八、九世紀纔發展的，他的原理通則都根據西歐一部分地方的經濟狀況，想怎樣才能夠出產？怎樣纔能夠分配？怎樣纔能夠使銷路發達？這都不過是十九世紀歐洲一個地方經濟的情況，不想那些經濟學家拿這種情狀來做成通例，說是古今中外一定不變的經濟原理，說是經濟學中天經地義，全世界都可以適用的！

且就十九世紀經濟學發生的事實說：那時候經濟狀況大概有三種特別的所在：

(一)經濟組織是大資本制度，出產狠多，銷路狠遠。

(二)經濟發展的方法是競爭的，不是互助的。

(三)經濟組織的目的全在發財賺錢，不在圖謀社會公共利益。

那個時候經濟原則都是根據這些事實發生的，發生之後，他們就奉爲金科玉律，以爲人生經濟的活動一定要照這些定律去做，例如需要供給等定律，不論什麼時候、什麼地方都可應用，人類祇能遵守這些定律，絕不能改造這些定律的。所以後來嘉來爾[12]、辣斯金[13]諸人狠攻擊這種經濟學，說是愁慘的科學，要想把他根本推翻。所以後來才有歷史派經濟學出來，根據歷史的事實，考求歷史的制度，纔知道原理原則是根據歷史上特別事實發生的，定律是相對的，不是絕對的，一時一地的特別律令不能推行到各時各處去。

照歷史家的眼光看來，某種通例是根據某種事實發生的，歷史上的事實是變遷不息的，事實變了，通例也跟着改變。譬如歐洲的國家，當初從市府制度時代漸變到封建制度時代，再從封建制度時代變到實業制度時代。市府時代的通例，到封建時代當然不能用了，封建時代的通例，到實業時代當然又成了廢物了。

一代有一代的情形，即一代有一代的通例，不能說某種通例是絕對的定律，永遠不能修改的。

我爲什麼要提到十九世紀社會科學家種種的見解呢？這裏却有兩層

12 Thomas Carlyle（1795-1881）：現多稱卡萊爾，蘇格蘭文學家、評論家、諷刺作家、歷史學家。13 John Ruskin（1819-1900）：現多稱羅斯金、拉斯金，英國維多利亞時代主要藝術評論家，也是社會思想家。

意思：

第一層意思可分作兩方面說：

（一）**消極的方面**：在說明社會還在長進的時代，歷史是人類創造的，正在天天進行。我們應該拿哲學來幫助解釋現狀，應該拿思想來指導現狀。自然科學全是物觀的，祇能描寫紀載自然現象，卻不能拿理想去指揮他、改變他。至於社會科學不是僅僅描寫紀載便能了事，必定要有思想的理解來指導他，所以不能不帶一點玄想。

（二）**積極的方面**：社會科學發生以後，人類的心理態度都生出一大變遷。也把人類的活動看作有法則、有條理的，不當作一種紊亂無紀的東西。社會科學能把科學的精神介紹到社會哲學上來，使那種空中樓閣的哲學也降下來和人類生活接近。因爲如此，所以發生幾種影響：（1）注重事實，不去空想，（2）求出這證據，不尚武斷，（3）把絕對的態度變作試驗的態度，（4）把一切定律都看作假設，不看作天經地義。所以自從有了社會科學以後，社會的哲學也變作帶科學精神的哲學了。

第二層意思：是說自從科學精神介紹到社會哲學裏邊去之後，因而發生第三派哲學。這派哲學有三個重要的特點：

（一）**注重實驗**：從前的學說都是理想的、守舊的，自己成一個世界，不欲根據事實。這第三派的哲學處處想拿應用的結果來證明學理的功效，試驗他到底是眞是假。試驗有效，就拿這種學理來指揮人類的行爲。

（二）**注重個體的研究**：從前的哲學家不是完全推翻現制，就是完全保持現制。這第三派的哲學不說這樣籠統的話，祇注意個體，研究特別情形，絕不承認有包醫百病的藥方和百世不易的定理。

（三）**注重隨時補救的智識**：這派哲學的目的不在完全改革，也不在完全保守，祇想養成智識能力，隨時隨地補救特種毛病，解決特種問題。

科學本分爲兩種：（A）**純粹科學**（B）**應用科學**。純粹科學是專說明事實的，事實是怎樣，就該怎樣說，一點不能加入人的意志欲望的。應用科學是純粹科學的律例應用到人的意志欲望上去，不但可以加入人的意志欲望，並且要用學理幫助來滿足人的意志欲望，使人的意志欲望不受痛苦，不朝邪路上去。

純粹科學祇能拿旁觀的態度來研究事實。譬如研究天文學，看月圓月缺，月出月落，祇能說明圓缺出落的道理，不能加入人的意志欲望，叫月亮不要缺祇要圓，不要落祇要出。應用科學便不然。因爲我們就是這種科學中一分子，不是和我們不相干的，所以要拿主觀的興趣來研究他，不能純取旁觀的態度。譬如講醫學，醫生自己也是所研究的一部分，怎樣治病是學理，要活不要死是人的意志欲望，必定要滿足這種意志欲望，纔算達到目的，纔算學理成立。講社會科學也要這樣。必定要定個方向，叫他朝這個方向走，是要他怎樣便怎樣，不能隨他怎樣便怎樣。社會科學都是應用科學，所有的學理應該可以幫助人生行爲，指導人生方向，使達到人生希望的目的。這便是工具主義的態度，便是實驗的態度。

社會的哲學不是純粹科學，乃是應用科學，所以不單是說明事實的現象就算了事，必定達到一定的目的纔是。

譬如經濟學不單是說明經濟現狀就算完事，必定要從經濟現狀中找出一個方向，叫人照這方向走去，得到最大、最多的幸福。譬如政治學，也不是單紀載政治現狀就算完事，必定要想出醫治現狀的方法，找出修補現狀的工具，使大家得到安寧幸福纔對。社會科學如經濟學、政治學等都是一種技術，所以必定要社會哲學來指導他們，批評他們，告訴他們那種是好的，那種是壞的，這便是社會哲學和社會科學的關係。

技術本來有許多種，有好的，有壞的，所以必定要選擇。就拿醫學做個例，醫學也有兩種：一是畫符念呪的，用手術幻術的；一是用科學的解剖，化學的應用，幫助他的技術，使人得到健康的。社會科學也是這樣。譬如政治學，從前的時候，沒有學理指導人類種種行爲，所以萬事都聽天由命，全看所碰的機會如何。有了好皇帝、好長官政治就好，不然就不好。這都是沒有科學的智識、科學的方法來指導他們行爲的原故。人類行爲如果想不靠天、不靠運氣、不靠機會，必定要有一種科學的智慧知識來指揮引導纔成。

我們爲什麼要把社會哲學當作科學來研究呢？這裏却有兩層意思：

（一）現在文化進到了這樣地步，交通也便利，調查也容易，又沒有一個地方、一種民族未發現，要想調查觀察各種社會政治的情形，都是可以做得到的。倘再不用作科學研究，拿研究的結果來指導人類行爲，假設偶然有一事發生，也許把幾千年辛辛苦苦創造出來的文化一齊推翻了。我們要想免除人類的危險，所以不能不作科學研究，利用可能的機會，把他研究出來，做指導人類行爲的工具。

（二）社會哲學的方法，從前是籠統的、抽象的、理想的，或想出一個籠統的名詞，如個人主義、社會主義、共產主義，不是籠統說政府無用，就是籠統說政府有用，不然就籠統說私有財產制是怎樣壞。現在社會哲學的方法便不同了，研究個體，研究特別事實，注意個體和通則的關係，想怎樣從個體中找出通則，怎樣使這通則適用到個體上去？說那些籠統不分，囫圇吞棗的話，不是現在的哲學家；現在的哲學家是要從個體上做分別研究苦工的。

這都是我們所以要把社會哲學當作科學研究的原因，再舉出幾個例，說一說抽象的籠統的理想的毛病。

譬如鐵路工程，我們要想造鐵路，不能定下一個抽象的理想的路線，必定要分別研究，看河流地勢山脈的情形怎樣，看出產的貨物怎樣，看貨物的銷場在什麼地方，然後纔可以決定路線，應該從什麼地方到什麼地方。設若定下一個抽象的路線，沒有山也要開山洞，沒有水也要架鐵橋，豈不是白費氣力嗎？

再從歐洲思想史上舉出一個例來講。當十七世紀時代，歐洲各國都是連年擾亂，不是宗教戰爭，便是異族戰爭，不然便是爭王奪霸的戰爭。因爲當時政治情形，四分五裂，所以發現一種需要。需要什麼？就是統一的國家。要想造出一個統一的國家，所以把主權、法律秩序種種觀念講得異常的尊嚴。所以十七世紀歐洲政治學說，大概都注重國家主權、法律秩序。提倡這些學說的人，以爲凡是國家都是這樣，這種籠統的理論出來，就養成了崇拜國家主權、法律秩序種種習慣，甚至到了二十世紀還受這種影響，收了很不好的效果。我們要知道國家主權、法律秩序的極端推重都是十七世紀特別需要的東西，我們把他拿來到別的時候、別的地方當做「萬應錠」、「百效膏」用，當然生出許多不好的結果。

到了十八世紀和十九世紀上半期，蒸汽發明，機器漸漸出來代替人工，於是生計的狀況，生出一大變遷。變遷的結果，有許多法律都不適用了。比如干涉的政策，最妨礙實業發展，於是才有極端放任的學說發生，主張縮減國家權力，讓個人去自由發展。這也不過是反對一時的現狀，並不是天經地義，後來也成了籠統的理論，結果便使這種極端的個人主義，被資本家利用，祇看見有錢有勢的人競爭，把那些無錢無勢的勞動家都壓到第四層社會去了。可見得離開當時的環境，把救濟一時的方法，拿來做百年大計，是最危險的一樁事。

所以第三派哲學不像從前的哲學對於現行制度不是總攻擊，便是總辯護，知道用力去辯護、攻擊，不如用力造成進步的觀念。這種進步，不是自然的進步，也不是籠統的進步；是今天一點，明天一點，從各方面、各個體進步的；是拿人力補救他、修正他、幫助他，使他一步一步朝前去。所以進化是零賣的，不是批發的，是雜湊的，不是整包的。

現在世界有許多野心家，高談闊論，一張口就說要改造社會，我想改造社會絕不是一件籠統的事，絕不是一筆批發的貨，是要零零碎碎做成功的。中國常有人問我「改造社會應當從何處下手？」我的答案必說應該從一事一事上下手。如家庭、學校、地方政府、中央政府，沒有一處不應改的，在這個時候，大家祇有各做各的事，那種籠統的議論最容易被人利用，是沒有用的。社會上的事不能開口就說全對，或開口就說全不對，要知道進化不是忽然打天上掉下來的，是零零碎碎、東一塊西一塊集合湊攏起來的。

因爲各方面問題太多，太複雜，常常不易下手，即使下手也容易生出許多錯誤，所以必須研究個體，把一件一件的事體分析出來，然後一件一件的做去，才能免掉錯誤。

今天聽講的大概多是學生，學生應該格外知道這個道理。世間零碎事體可以幫助做的狠多，做零碎的事初看狠覺得不能滿足我們的理想，但是各方面如果都以個人的能力、知識來幫助做各種事體，到了結果那一天，也許做到我們理想中的大改革。若是先從理想做起，恐怕終究不能達到這個目的了。

三　社會衝突的起因

前兩次講演說社會哲學和政治哲學分三大派：（1）偏於理想，想把現行制度一齊推翻；（2）偏於保守，對於現行制度一律辯護；（3）注重具體的問題，對於現行制度不作籠統的攻擊，也不作籠統的辯護。今天所講的屬於第三派，隨時對於第一、第二兩派也略加一點批評。

第三派哲學的重要觀念，是學說起於紛亂，學說的目的在隨時隨地補救、修正社會的缺點和社會各種勢力的衝突；要想補救、修正社會的缺點和社會各種勢力的衝突，除了注重具體的問題之外，還需要有一些能指導全體的觀念。

譬如船家航海，先要有個地圖，帶個指南針，定個方向，然後再轉舵張帆朝這個方向走去。社會哲學家也必要有指導全體的觀念，作他們的地圖和指南針，先觀察社會衝突、動搖不安的病根在什麼所在，然後來解決具體的問題。但是我們說的指導全體的觀念並不是上次所批評的籠統理論，仍然是從具體觀念中找出的普通觀念。從前的哲學家總好用許多籠統的兩兩相對的名詞，譬如說個人同社會衝突，人民同國家衝突，法律同自由衝突，這樣囫圇說去，便把社會衝突的具體原因遮蔽住了。我們要想找出大衝突的原因，不必從這許多抽象的兩兩相對的名詞上去找，應該從羣與羣交錯的關係上去找。

據我們看來，社會衝突並不是什麼簡單的雙方衝突：一造是個人，一造是社會；一造是人民，一造是國家；一造是法律，一造是自由。社會是羣與羣的結合，羣的界限是錯雜不齊、犬牙交錯的東西，所以羣的衝突便是錯雜不齊、犬牙交錯的衝突。我所說的羣是有公共目的、公共利害團結在一塊的。人類祇要有一種興趣、利益的關係，自然會團結成羣。譬如有打球的興趣，自然會結成球會。社會成立的原因既是這樣，所以社會上的衝突，是階級和階級、行業和行業、民族和民族的衝突，並不是一方面是個人，一方面是社會。

何以說人類祇要有興趣、利益的關係自然會團結成羣呢？譬如人類的天性，有男女性欲的需要，男女同居，然後有夫婦，有子孫，有家庭，有家族。又如人生都有要吃、要穿的天性，因爲這種天性的需要，自然有供給吃的、穿的等羣，自然會發生商業、工業、交通等羣。再放大範圍說，人類的天性好爭，因爲好爭所以纔有國家和政府的需要，因爲有國家和政府的需要，所以纔有國家和政府等大羣。人類又有一種宗教的天性，對於現世多不滿意，要想求那未來的精神的幸福，因爲有這種天性，所以大家纔同拜一種宗教，因此發生教會、庵觀、寺院等羣。照這樣看來，可見得人類祇要有一種興趣利益的需要就會發生種種的羣。

以上所說的是人羣發生的原因，自此以後，再說人羣衝突的原因。人羣是「參伍錯綜」的東西，並不是一個獨立的、彼此毫無關係的東西。比方一個人，在社會是社員，在國家是國民，在教會是教士，在某種行業之中又是某種行業的職員。社會所以有亂，都因爲這許多團體不能同時平等發展進步，結果常使這一羣壓倒那一羣，經過幾十年、幾百年，表面上雖然沒有什麼影響，骨子裏已有了紛亂的種子，已經有許多不平之氣，所以纔有衝突的事件發生。

現在且舉出幾個例說明，社會中往往有一種羣，受特別的待遇，占特殊的地位，把別種羣壓下去，這便是紛亂的原因。

(一) 宗教的羣

歐洲中古自五〇〇年到一五〇〇年的一千年的歷史，是宗教團體很勝利的時代。宗教的羣既佔勢力，便把家庭、美術、教育、政治等羣壓將下去。因爲宗教家有特別的見解，提倡獨身不婚等事，因此便把家庭的興趣滅殺了。宗教家重用精神不重欲望，恐怕美術感動人的慾望太甚，所以又不注重美術，即便用美術，不過爲他們宗教作奴隸罷了。宗教家又不敢提倡科學，恐怕推翻他們宗教上幾個根本觀念，結果又把教育的興趣滅殺，把教育的團體壓將下去。宗教家又反對政權，所以鬧成一千多年的政教戰爭，國家的羣和教會的羣兩不相讓，所以造成許多年政教衝突的歷史。就是現在意大利還有許多地方尚在爭執這個問題。

舉這個例是要證明，宗教的羣在歷史上佔了特殊的和獨尊的地位，結果便把別種羣的需要興趣壓倒了，做他們的附屬品。這個例是很普通的，除了三個例外，(一)希臘(二)中國(三)美國，其餘各國都是這樣。希臘古代教會並不曾掌過大權，中國歷史上並沒有奉爲一尊的宗教，但美國自成立國家以後，雖然沒吃過政教戰爭的苦，可是他的祖先已經受過許多痛苦了。美國歷史上沒有政教戰爭，不過是「前人栽樹，後人乘涼」罷了。以上所說的，都是宗教的羣佔獨尊的地位，壓倒別種羣發展進步的證據。

(二) 政治的羣

政治的羣在歷史上也曾佔過特殊的獨尊的地位，把別種羣壓將下去，做他們的附屬品。有一個西洋人同印度人談天，說東方人所以不能振作的原因。

西洋人說：「東方人所以不能振作，因爲土人太守舊、太重習慣。例如印度人搬運東西，總是頂在頭上，不會用車子去推。有一天教他用車子推煤，他雖把煤放在車上，但仍然把車子放在頭上頂着。就此可以證明東方人被習慣的勢力綁住了，所以不能維新。」

印度人回答說：「東方人固然太重習慣，西洋人却太重政府。西洋人的毛病，就是把政府當做車子用，不會用自己的方量去頂東西，衹會靠政府力量去做事，那如我們用自己的頭來做自己的事呢？」

印度人這幾句話很有幾分道理。把政府看得過重，實在是西洋人的毛病，譬如這回歐戰，國家政府的權力擴張極大，把鐵路、礦產、財產、生命，都可以一手拿來，商業、工業、學術各種團體，沒有不受他支配的。因爲國家政府的力量這樣強大，所以發生一種反動。現在有許多明白的人不免發生疑問，要問：「國家政府是否應該有這麼大的權力？別的團體是否應該受他絕對的支配？」這種懷疑的人現在已經天天增加起來了。

(三) 經濟的羣

中國人常常批評西洋人，說他們偏重唯物的方面，想弄錢，想發財。對於美國尤甚；因爲美國有偏重經濟的趨嚮。美國有天然的富源，不能不發展工商各業，因爲工商各業發達，便造成許多大資本家；所以經濟的組合多有操縱國家政府的勢力。美國大資本家常常操縱政府，利用政府；人民有時不知道眞正的政府究竟是京城裏邊的政府機關，還是工商業的組合。這種偏重經濟的趨嚮，遂生出種種流弊，文學、哲學、美術等的發達都落在歐洲之後。這都因爲偏重這方面，丟掉那方面，所以一方發展，一方偏枯。

(四) 家庭的羣

家庭的羣也時常佔據一個特殊的獨尊的地位，因爲家庭的羣比較別的羣更加親密，更可把經濟、政治、教育、宗教等羣包括在內。因爲如此，所以格外容易代替別種羣，把別種羣壓將下去，一齊由他支配。最初生計的團體，無論東西各國都是一樣，都是由家庭生計做起，如紡織衣服、製造飲食等事，都是從家庭起首。奴隸、牛馬、婦人都歸家庭所有，聽受家長支配。後來因爲教育兒童，有了教育的需要，家庭之中又兼任教育的職務。由家庭變爲家族，由家長變到族長，便含有半政治的性質，可以賞罰家人，可以強令家人做事，故又兼有政治的職務。古代家長率領子孫拜神祭天，故家庭的羣又兼爲宗教的羣。家庭的團體如此，難怪在歷史上佔了一個最重獨尊的地位，把別種團體都看輕了，都丟開了。

家庭的組合在人類社會上本是很重要的；許多道德的觀念、慈悲的觀念，如親愛、和睦、保育幼弱、一視同仁等思想，都是從家庭制度中發生出來的。這都是家庭組合的好影響，但有幾種壞處：

（一）**守舊**：家長要保持一部分人的權力，故往往教子孫遵守祖法，久而久之，遂變成死的，不活潑的現象。

（二）**不平等**：家庭之中，一部分人掌權，一部分人服從，婦女、奴隸均受不平等待遇，不能謀全部的充分發展。

(五) 區域的羣

人類因爲地方的關係，因爲居住相近的緣故，遂發生鄰居的觀念。再大則有同村、同城、同縣、同省的關係，發生同鄉的觀念。這都是以區域作基礎組織成羣的，無論是否同黨同教，均因地理上的關係組成一團。好的影響可以橫衝進去，把宗教、黨派等界限化除，連合成爲一氣，發生很親密的結果。壞的影響就是疆界的觀念太重，因而分成鄉界、國界，容易發生猜忌。歷史上許多戰爭都是從疆界問題發生的。

以上所說的是要想改良社會，免了社會的搖動，應該知道社會裏面互相衝突到底是爲了什麼緣故？從前的社會都聽任自然趨勢，必等到偏枯不平的氣象出現以後，才知道設法救正。現在我們總要有種工具，可以先事防備，不要等到發作的時候才去救正。所以必定先要觀察社會衝突的原因，由於那種社會太占優勝，所以盤據最重要的地位；那種社會需要被壓太甚，所以退到吃虧的地位。能夠如此然後才能夠對症下藥，預先來設法救正他，調劑各羣的地位，讓他們有平等發展、平等進步的機會；不但不互相衝突，並且可以互相幫助。一部分有好結果，各部分都受好影響；一部分有壞結果，各部分都受壞影響；這就是因爲社會的關係是「犬牙相錯」的原故。

我很希望大家把這種社會衝突的觀念想一想，從這種觀念中研究出來解決社會的具體的辦法，好代替那種完全辯護、完全推翻的籠統思想。

四　社會改革的三個時期

前幾回所講的有兩個要點：（一）學說的起源在社會紛擾不安的時候；（二）社會所以紛擾不安，就因爲偏重一種人羣的利益興趣，把別種人羣的利益興趣壓將下去；結果是一種人羣佔了特殊的獨尊的地位，那被壓下去的人羣便發生偏枯不平的氣象，所以纔發生衝突。

這種講法和從前社會哲學史、政治哲學史普通的講法不同。諸君研究過社會哲學史、政治哲學史應該知道這種學說和舊說相異的所在。從前的舊說大致可分爲幾派：

（一）極力提倡個人的自由、權利、尊嚴。這是個人主義。

（二）但承認社會，根本不承認個人，所以注重法律、秩序，和社會全體的利益。

（三）調和二者之間，認定一方面是個人，一方面是社會；一方面是自由權利，一方面是法律秩序。以爲社會的紛亂，是由於這方面的自由權利和他方面的法律秩序相衝突。

以上三派舊說都和我們的講法不同。我們認定社會是種種羣組合起來，偏重一羣，使這一羣把別的羣壓將下去，結果便發生衝突。因爲講法不同，所以發生兩大問題：

（一）倘若我們的講法是對的，何以三、四百年來的社會和政治哲學家都錯了？換句話說，社會哲學史上所謂個人和社會的衝突究竟有什麼意義？

（二）我們這種講法和舊說有什麼區別？還是口頭上、紙面上的區別，還是實際上、根本上的區別呢？

現在先講第一個問題——社會衝突究竟有什麼意義？簡單的解答，就是社會是羣與羣組合起來的，並不是一方面個人，一方面社會。所以社會的衝突就是羣與羣的利益相衝突。一種人羣在社會上佔了特殊的獨尊的地位，社會上已經公認他的特別勢力，可以統治一切人羣，因而漸漸的把其餘的人羣利益認爲個人的利益。這是什麼緣故呢？因爲佔了勢力的人羣把個人利益認做社會利益；所以把那沒有佔勢力的人羣所認爲利益當作個人的利益，說他們的主張是反對社會的。其實這些利益都是社會的利益。所以我們與其說個人同社會衝突，自由權利同法律秩序衝突；不如說一部分自由太甚，權利太大，壓制其他的部分，所以起了衝突。要知道新進的一部分並不是激烈太甚，不過想對於現在的制度法律改正一點，就是對於現在的法律秩序稍稍說幾句話，也不過是想補救他、修正他罷了。惟在當時，這種主張尙沒有佔勢力，所以人都把他看作個人的利益，想把他打壓下去。

照這樣說來，兩方的衝突都是爲着社會的利益，並不是一邊是個人，一邊是社會。若說是個人，反對的一方面是個人，優勝的一方面也是個人；所以也可以說是這羣個人和那羣個人競爭；不過優勝的一羣個人所主張的利益，社會上已公認爲社會的利益，反對的一羣個人所主張的利益，社會上尙沒有公共承認，所以纔說他們是搗亂。

歷史上最着名的實例，就是政教衝突。歐洲中世紀的政教戰爭，就是一邊是教徒的利益，一邊是國民的利益；一邊是精神的羣，一邊是政治的羣在那裏衝突。這兩個大羣互相衝突起來，就成了政教的戰爭。這一羣的利益已經社會公認了，效果也有得見了，所以便把他當作社會的利益；那一羣的利益未經社會承認，沒有效果可見，所以把他當作個人的利益。他們以爲如果承認他，便與現狀相衝突，國家、社會都要受他的危險，所以彼此纔發生衝突。仔細看來，歷史上社會衝突，並不是一邊是個人，一邊是社會；乃是這一部分以自己利益爲中心的人羣和那一部分以自己利益爲中心的人羣在那裏衝突。

宗教和科學的衝突也是如此。歐洲中古，教會勢力非常尊大，他們的教條便是法律，他們的經典便是教材，他們的教會便是學校，把立法、司法、教育等權都收歸他們的掌中。他們盡力保存禮教，維持安寧秩序，把社會的治安看作他們一部分人的責任；以爲他們的利益便是社會的利益，同他們衝突便是同社會衝突。凡做科學運動的，凡主張獨立思想的，在他們看將起來，都是亂黨，都是叛徒，都是社會利益的對頭。其實是他們自己把持社會，保持他們自己所說的社會利益。他們不承認新發生的要求，說這種要求都是社會利益的反對；這就是他們自私自利的鐵證。

再說一個最好的例，便是東方的家庭。東方的社會以家庭做中心，後來便把家庭的利益看做社會的利益。家庭中一部分老的、男的，佔了特殊的地位，有特別的勢力，把少的、女的一部分利益壓迫完了，少的、女的便變爲他們的附屬品。後來時代變了，子弟們也想說話，也想自由選擇職業，自由信仰宗教，自由選擇婚姻；家庭的長老看見他們這樣要求，都以爲他們是反對家庭，也便是反對社會；他們都以爲想保持社會的利益非保持家庭的利益不可；想保持家庭利益非壓制子弟們的要求不可；他們那知道子弟們的要求也是代表一種社會的利益呢？子弟們想自由做事、自由信仰、自由結婚，無非希望造成平等的社會，得自由發展的機會；不過沒有經社會公認，所以人家都把他們當做社會的禍害。由此看來，可見得已經公認的社會需要總不承認未經公認的社會需要：歷史上的衝突都是由這個原因發生的。

歸綜一句話：歷史上所有的種種衝突，並不是個人同社會衝突，乃是羣與羣的衝突；一羣已被社會公認，一羣未被社會公認；這種已被社會公認的羣不肯承認未被社會公認的羣所要求的也是社會的利益，所以纔有衝突發生。若把世界上所有的革新運動分作三個時期看，格外可以看得明白。現在且舉**女權運動**做例。歐洲自十九世紀到二十世紀可算是女子要求解放的時期。從前的女子在社會上沒有地位，近來女子們要想選擇職業，替社會盡點義務，所以纔起來要求政權，這就叫做女子解放的運動。

且把他分做三個時期看：

（一）**順受的時期**：從前社會上事業都由男子獨占，女子被男子壓制久了，自己也承認不平等是當然的，服從男子是應該的。英國法律把夫婦認作一個人，這一個便是丈夫！大家都以為這是天經地義，不能改變的。

（二）**反抗的時期**：社會上經過一大變遷，種種新需要發生，種種新思想加入，便把從前的天經地義動搖了。從前的女子祇做家庭以內的工業，到了實業革命[14]後，機器發明了，工廠也發達了，生產的方法一齊都變了，女子也可以做工了。所以從家庭工業變到工廠工業，從手工生產變到機器生產，女子到這個時候，他們的習慣經驗已都改變了，他們也漸漸同社會接近了。後來又因這個發生教育的需要；又因為受了高等教育，知識逐漸增加，知道社會的待遇太不平等，知道他們沒有代表便不能參與政治。他們既然有這種覺悟，自然要加入社會的生活，反抗舊時的生活。但是這時舊制度、舊道德、舊風俗，依然存在，女子運動還是少數，所以被社會把持，結果遂起了衝突。當時社會當他們是一些「個人」，他們自己也祇覺得是一些「個人」，所以提出天賦人權之說，主張凡是一個人都該有天賦的權利。自表面上看來，好像一邊是爭自由，爭權利，一邊是代表社會，保持已成的秩序。凡是種種革新的運動都要經過這個時期的。

（三）**成功的時期**：到了這個時期，贊成的人也多了，組織也漸漸有勢力，有實行的機會。過渡時代一方維持道德秩序，一方要求神聖不可侵犯的自由權。到了第三時期性質都完全變了，大家都以爲所要求的，是社會的利益，不是個人的利益。從前的要求是爭權利，現在是爭盡義務的機會。他們以爲社會不讓他們盡義務是於社會有害的；社會也承認他們所要求的不是私利，却是社會的公益。所以從前認爲非社會的，現在都變成社會的了。

凡歷史上革新運動都必定要經過這三個時期。不過在第二時期中，一方面要維持社會秩序，一方面要主張天賦人權，看起來好像是個人同社會競爭，必待到第三時期，纔能明白衝突的究竟是都是社會的利益，並不是個人與社會相爭。

不但女權運動可以分做三時期看，凡一切革新運動也都可以分做三時期看。譬如**勞工運動**：在第一個時期，大家都以爲不平等的待遇是當然的；到

14 即十八到十九世紀的工業革命。

了第二個時期，大家都以爲他們自己也是人類，也應該要求權利，所以纔提出勞工神聖，待遇平等的觀念；到了第三個時期，大家又纔知道這不是個人的問題，確是社會的問題，如果容納他們的要求，不但可滿足個人的願望，並且可爲社會增加許多利益。

這三個時期是一切革新運動必要經過的，不必一一舉出，諸君可由此類推罷。

以上所說，都是要解答我們提出的第一個問題：「政治學說史上所謂個人與社會的衝突，究竟有什麼意義？」

我們的答案是：本來不是什麼個人與社會的衝突，只是這一種人羣的利益需要和別一種人羣的利益需要相衝突。一部分的利益因爲久經社會公認，故自以爲可以爲代表社會全部的利益。那新起的勢力，因爲未經社會公認，故表面上狠像和「社會」處於對抗的地位。其實這種新起的要求往往也都是社會的需要，不過還沒有被社會公認罷了。所以平常所謂「個人與社會的衝突」，其實只是一種人羣的要求，當未經社會承認的時候，起來與社會上久佔特殊地位的勢力相對抗。換句話說，這種衝突不過是一切革新運動必須經過的第二時期的表面解釋。過了這個時期，新要求的社會性質漸漸明白了，便不覺得是個人和社會的衝突了。

再講第二個問題——我們這種講法和舊說有什麼區別？還是口頭上、紙面上的區別，還是實際上、根本上的區別呢？現在且簡單說一說，我們現在的講法，和舊日的講法不是外面不同，却是實際上不同。如果照舊日的講法，把社會衝突當作個人同社會衝突，那麼，革新家便有許多不方便的地方，便要吃了許多苦。因爲社會把革新家的運動看作個人的運動，便說他是社會的仇敵；革新家自己也承認自己的運動是個人的運動，也覺得社會是他們的仇敵。這樣一來，兩下的仇恨更深，一方面便要籠統把持，一方面又要根本推翻，覺得一切制度都不中用，甚至於暴動起來，要用不正當的手段去根本解決。就是不應該改革的也拿來改革，不應該推翻的也拿來推翻了。這種籠統的推翻眞是最不經濟的事。

若照我們現在的講法，革新家和社會都要取研究的態度。第一步先認定社會上有某種需要沒做到，有某種有用的分子沒有發展，有某種有用的能力過於埋沒，把這些事件，都認作社會的缺點。我們的要求，是爲社會爭某種方法應該推行，某種情形應該改革，却不是要同社會爲難。這樣一來，便把仇視的態度變做研究的態度了。既然抱着研究的態度，第二步便要問那種方法是好的，那種方法是不好的？那種方法是對的，那種方法是不對的？到了各取研究的態度，自然不會把革新家當做仇敵，去趕他殺他，可以免掉許多無謂的衝突。不但主張的人抱着研究的態度，就是批評的人也抱着研究的態度。這是完全用人的智慧，用科學的方法，來研究事實，把那些籠統把持、根本推翻的毛病都免掉了。革新家也不居功，也不把自己當做社會仇敵，不過提出一種主張，讓社會上拿去試驗試驗，看到底能行不能行罷了。推到這層結果，可見得我們的講法，並不是紙面上的空談，實在有些實際上的區別。

五

鑑別思想體制的三個標準

我前次講演中曾發過一問，說從前的學說，說社會上紛亂是個人同社會衝突，現在我們說社會上紛亂是社會的利益興趣太不平均，所以這一輩往往同那一輩紛爭——這樣講法究竟實際上有沒有區別？我的答案是說大有區別。說社會上紛亂是社會同個人衝突，結果必定激成社會和個人的意氣，一方面主張一概保存，一方面主張一概推翻，便把應該研究的具體問題丟開了。新的說法便不是這樣，說彼此所爭的都是社會的利益，不過一方是已得社會公認的，一方是未得社會公認的罷了。既然都是社會的利益，就應該研究那種主張利益多？那種主張利益少？那處應該改革？那處應該保存？這便是研究的態度，這便是科學的方法，這便是實際上的區別。

用舊法子講來，自然生出一個天然的趨勢：就是把社會同個人看作兩不相容的東西。社會中守舊的人並不用研究的態度，並不說明那一部分有價值應該保存，也不說明用什麼方法來保存；單是籠統說凡是古的都是好的，反對古的便是反對社會。新的人受了這種激刺，又說凡是成了制度、成了風俗，拘束個人行爲的，都是壞的，都是應該推翻的。他們也不研究爲什麼要變，爲什麼不變就有壞處？固然不能說凡是舊的講法都是如此，但是自然趨勢必定要歸到這步田地。我們現在的講法並不是主張調和，乃是想找出一個新方法養成**鑑別的能力**使人人能辨別那件是好的，那件是壞的，那件應當改革，那件應當保存，指出具體的問題，說出所以然的理由，用科學的態度，下具體修正的工夫。

我們且拿**無治主義**[15]做個例：主張無治主義的人以爲一切管理限制都要推翻，如政府、法律、財產、家庭、婚姻……等都是束縛個人自由的，都應該廢掉。其實那眞問題：不是凡是政府、法律等都不應該有，不過是某種政府、法律應該有，某種政府、法律不應該有。極端自由是做不到的事，因爲人性自然的趨勢總免不掉一點限制，就是推翻這種限制，必定又有那種限制起而代之。譬如讓路，如果沒有一定的慣例，便要生出無謂的衝突，要想免掉衝突便不能不遵守慣例。照這樣說起來，不如承認制度是免不掉的，不過要研究那種政府、那種法律是好的，是我們可以承認的，這便是研究的態度，科學的態度。

剛纔所說的都是緒論，現在且歸到方法態度的中心問題，說到鑑別的能力上去。我們要鑑別那種是好的，那種是壞的，那種比較好一點，那種比較壞一點，必定要有個鑑別的標準。現在且**指出幾個鑑別的標準做我們鑑別的**工具。

說到標準往往易生誤會。從前的舊說也常常提出理想的目的做他們的標準；但是這種標準是空想的，是做不到的；我們所說的標準是根據事實的，是辦得到的。譬如航海：如果不辨航路、水性、礁石，不用羅盤，不看地圖，單說朝那目的地去，人便笑他是外行了。政治也是如此，應該根據事實，從事實中找出方法，空有理想是沒用的。現在的事實是根據人性而來的，這是社會哲學、政治哲學最重要的基本。我們所說的人性，並不是空空洞洞的說人性的善惡，是研究人的性質是怎樣，變化是怎樣，從事實上找出人性的需要、方向，和必不可少的條件，拿來做根據，然後想出怎樣下手的方法。

15 即無政府主義。

現在且舉出人性的三種需要做標準：（一）**習慣風俗**（二）**社會編制**（三）**共同生活**。個人把已往的經驗保留下來，作做事的慣例，便叫習慣；把習慣變成社會通用的慣例，便叫風俗；再把風俗變成制度，便是禮制。把社會安排到分工易事、同力合作的地步，使成爲有系統的組織，叫做社會編制。這兩種都是第二等的重要事件，第一等重要的事件，還是共同生活。人類必定要共同生活，纔可互相幫助、互相長進，這是人性頂重要的需要。

（一）**習慣風俗**：從心理學上看來，習慣、風俗是保存人類已往的經驗最經濟的方法。如果事事都要自己用心安排，一舉一動都要先去設想，便把有用的精神，注重到小事上去，再也沒有工夫去研究重要的事體了。譬如小孩子沒有走路的習慣，初學走路便太費事；又如用筷子，沒有用筷子習慣的人便不能隨意應用，反要費許多精神去管住他。個人有了習慣，社會有了風俗，很是人類一樁大經濟的事體，是人性需要最不可少的東西。

社會風俗既已到了公認的時期，便變成一種禮制，如家庭制度、財產制度、婚姻制度……等便是。風俗到了人類公認的時期便有很大的功用。風俗是天然的需要，但不能一定穩固，不必都能一致；到變成禮制的時候，便變成固定的統一的制度。大家都以爲照這樣做沒有錯，不照這樣做便不是，便錯了。如果沒有禮制，你想那樣做，我想這樣做，結果便免不掉衝突。霍布士[16]說：「沒有政府的時代，是個互相殘殺的時代，有了政府便是安穩的時代。」我們固然不能完全承認他的假設，但是人類社會沒有禮制便不能安穩太平，有了禮制便安穩太平，這是大致不錯的。

但是風俗有好處也有壞處。好像蛤蜊的殼子一樣，固然可以保護蛤蜊的肉體，但是因爲太硬了，往往妨害肉體的發達。習慣、風俗、禮制也是這樣，本來是保存已往經驗的方法，後來弄錯了，把他當做目的，我們反來保護他；又因爲保護的結果，好像蛤蜊的殼子越長越硬，便把生機的發展一齊堵住了。堵住的結果，便要生出衝突，便要生出拿暴力推翻一切的革命。革命並不是革新家造就的，乃是守舊黨激動起來的；因爲有人出死力保存死殼子，所以纔起反動的革命。

我們要想使習慣、風俗、禮制不致妨礙生機，不致激起革命，須要救正他，不要叫他變成死殼子。如想叫他不要變成死殼子，必須注意人的心思作

16 Thomas Hobbes（1588-1679）：英國政治哲學家。

用，用個人的見解來選擇、批評、判斷、試驗他，用人的心思作用來保存生機，使他常常活潑，不要老死。

我們第一個標準要想怎樣調劑風俗習慣禮制，使他不致妨礙人性的發展，注重個人選擇的自由、批評的自由、鑑別的自由，不叫風俗習慣禮制變成一種死東西，纔可免掉革命的危險。

（二）**社會編制**：風俗習慣是不知不覺變成的，編制是有意編成的。編制組織好像有機體，是互相相照顧、互相幫忙的。編制得好、組織得完備，自然會加增競爭的能力；要想用力少而成功多，非有有系統的編制不可。

我們對於德國人雖然不滿意，但是不能不承認他的編制能力。他用科學的方法來把各部分支配起來，計劃出來，要刻期辦到，這都是德國人的好處。

但是太偏重編制也有許多壞處。簡單說來，一定限制了許多自由發展的機會，妨害許多自由創造的能力。譬如商店、公司、兵隊……等固然不能不講編制，但是編制的結果，祇有幾個人從中操縱，其餘的人都是器械。如宗教盡講些拜跪的儀式、用兵盡講些操演紀律的死法子，便把自由發展、自由創造的能力消磨完了。德國人可以代表最長於編制的民族，同時也可代表偏於編制所以發生種種流弊的榜樣。

凡講究編制組織的，總有一個總機關，如大公司的管理部，如軍隊的司令部，都是中央集權。結果便祇把少數居中操縱的人當人，其餘的都當做機械，把個人自由發展、自由創造的機會一齊喪失了。這也不但德國如此，便是西洋各國也都免不掉這個毛病。人家多說美國太放任，其實也有太偏於編制的，如大公司、大營業[17]的限制都非常嚴密，所以往往生出許多板滯不靈的毛病。我們應該得一種教訓：就是天地間絕沒有「放諸四海皆準」的道理，沒有「包醫百病」的藥方。德國固然是太偏重編制，但是中國也太不講究編制組織，凡事都是臨時現湊。沒有組織編制，要想講究效力，實在是辦不到的事體。

我們第二個標準，就是要審查什麼宜於編制，什麼不宜於編制；編制有多少限度，在多少限制以內，可以實行編制；過乎限度，便不能死守着老法子，纔是正當的辦法。

17 大營業：即大企業。

（三）共同生活：現在時間不夠，不能詳細解釋，簡單說來，這種生活是互助的，是彼此都能夠得益的。好像交友一樣，得個朋友幫助，互換知識，格外可使思想長進，可使生活有意味。共同生活是最高社會的希望，凡是社會都要朝這方向走去。我們的標準就是要想怎樣使共同生活發展，怎樣使彼此得自由交換智識，怎樣得互相幫助、互相長進。

六　共同生活的重要和基礎

上回講演曾提出一個疑問：說究竟社會編制風俗習慣的最後標準是什麼？換句話說：便是拿什麼做標準來批評社會的編制組織和風俗習慣？簡單的答案，就是要看這種編制風俗習慣能不能發展共同生活。共同生活便是自由交際、互相往還、交換感情、交換種種有價值的東西。社會的編制風俗習慣能做到這步田地是好的，做不到便是壞的，這就是標準。

有幾種社會組織，好像牆壁一般，把各部分的共同生活一齊隔開。譬如埃及和印度，都有一種**階級制度**限制很嚴，這一階級和那一階級隔絕不通，婚姻、禮制、感情、思想……都是互相隔絕的。這種制度不但不能養成共同生活，並且防止他們的共同生活。

不但埃及、印度是這樣，便是歐洲的社會從前也有三**種階級**：上等是貴族地主，中等是中流人家[18]，下等便是工人和學手藝的人。當這種制度最盛的時候，也是彼此斷絕交通的，所以也成一種孤立生活社會，不是共同生活的社會。

不但階級制度是這樣，還是偏重一方面的，如家長制度也是這樣。在嚴格的家長制度之下，一方面是家長，一方面是家屬，尊卑長幼有名分堵住交通，感情思想一概隔絕。又如獨裁制度，無論是政治的、實業的、家庭的獨裁制，他們的組織都是一方是上，一方是下，一方是尊，一方是卑，都沒有互相交通的機會。又如宗教變成了特別階級之後，教內的牧師變成專門職業，專管禱告禮節等事，和社會一切生活斷絕交通，一方爲入世的，一方爲出世的，感情思想都是隔絕的。再說教育，在學校裏邊的便成了讀書人的階級，如農夫、工人等不識字的，便成了鄉下人的階級，鄉下人以爲讀書的人高不可攀，所以也不同他們往來了。本來理想中的宗教，原是解決人生問題的，不應該離開人生問題專朝出世的方面做去。教育本是應該拿社會生活做根據的，使教育與社會溝通，使生活受教育的影響。如工廠商店本不是專爲發財的，目的在流通貨物，不但要使物質方面流通，便是精神方面也要使他流通。我們所希望的社會，便是這種有自由交通、自由交換作用的社會，這便是我們最高的標準。

今天要提出來講的，是要說明「社會相互的往來、關係、影響，是共同生活的要素」。先從消極方面說，如果沒有共同的生活便發生什麼弊病？這個最普通的例便是**主奴的關係**。我所說的主奴關係並不是專指黑奴式的奴隸制度說的：凡是父母對於子女、夫對於妻、君對於民、雇主對於勞動家⋯⋯都包括在內；凡是一方面爲上，一方面爲下，一方面有統治權，一方面沒有統治權，一方面發命令，一方面受命令——這些關係都是一種主奴的關係。我們且看這種關係有什麼弊病？大概不相交通的社會必發生兩種弊病：

（一）這種社會組織在社會本身上有絕大的危險，使社會自身不能持久。

（二）偏重一方面，使妨礙個人人格的發展。

先講**爲什麼社會本身發生危險**。因爲有許多人以爲把社會分作上下、貴賤、尊卑、長幼各階級，雖然有點妨礙個人自由，但於社會本身很有好處，很可以保持社會的安寧。他們以爲因爲要社會安寧持久，祇好叫一方面吃點

18 即中產階級。

虧，一方面雖然吃點虧，全體却受益了。這種見解的錯誤在於不知道這種社會階級的護符，就是武力。凡是拿武力來做根基的總是不牢固、不耐久，內部總要發生危險的。不但和個人有害，就是社會自身也有害處。因爲獨裁政治和平民政治絕對相反。平民政治就是想叫社會互相交通、互相影響，根本是不靠武力的，祇靠興趣維持，要使社會各分子都有表示興趣的機會，各方面互相幫助，互相影響，所以社會堅固。獨裁政治全靠武力迫壓，祇有一方面自動的，沒有互助的精神，所以不能穩固。

這種沒有共同生活的社會何以要用武力做根基呢？因爲社會各分子對於社會本身沒有興趣，全靠武力逼迫纔可圈到一塊，武力減少，馬上解散了。比方一個學校的秩序要是全靠先生拿板子維持，那麼，板子沒有，或是先生去了，學校的秩序便即刻亂了。又如中國歷史上每換一次朝代，必有一次大亂，直至有人把羣雄征服了，紛亂纔能平定。這是什麼緣故呢？因爲他們全拿武力來維持秩序，表面上雖然很像太平的，但是各方勢力一不平均，馬上就起了紛擾。可見得全憑武力維持的秩序，武力一去是即刻要亂的。至於立憲政治，使各分子都有表現興趣的機會，所以政府雖然變更，秩序絕不會紛亂。

再看這回由歐戰發生的大擾亂，這樣大的擾亂是從沒有過的。結果便有幾國受了一場大刧，到了不堪受刧的時候便成了紛亂的現象；但是居然有幾國經過這一大刧而不亂的。這是什麼緣故呢？比較看起來，經不起這次大刧的國家都是行獨裁政治的，如俄國、德國便是。俄國行獨裁政治更久，所以亂的程度更甚。再看那些行平民政治的國家，不靠武力把持，却使社會中各分子都得自由加入社會之中，覺得國家不單是幾個代表人的，是大家的意志、大家的感情、大家的興趣聯合起來的。既然有這種意味，所以都你幫着我，我幫着你，——所以雖然經過這樣大刧，究竟不致大紛擾。

觀察這種情形應該使我們生出一種覺悟：就是獨裁政治一定沒有共同生活，一定不能各部分的感情興趣，互相影響。至於平民政治的根本觀念：便是「凡是公道的政府須根據於被治者的同意」。政府一切行動既已以被治者的同意做根據，被治者覺得他們也是社會的一部分，社會的意志便是他們的意志，盡一部分義務便享一部分權利，所以他們都願意幫助政府做事。——這便是國家最穩固的根基。獨裁政治雖然也有能夠維持得一、二百年的，但是在歷史上看來却是很短的時期，還請大家不要貪圖這點小便宜，還是要有共同生活的社會纔是「長治久安之道」。

獨裁政治表面上似乎很有力量，其實都是假的，比較共同生活的社會弱得多了。平民政治是以大家的情願作根據，表面上好像禁不起大危險，試驗起來却靠得住得很。這個最顯明的例子便是工廠的組織。舊時的工廠經有名的專門學者調查，每天工人所作的工作不到他能力百分之五十。因爲他們沒有興趣，把工廠看作人家的東西，所以即使有能力也不肯用。可見得獨裁政治表面上似乎很有強力，但是實際上是沒有用的。比方工廠的工人爲什麼不肯用力呢？因爲他覺得他們做工是爲生計逼迫的，他對工廠沒有別的責任，對於製造、出品、銷路、盈餘分配……等問題全不管的，結果便沒有個人的興趣，不是故意搗亂，便是故意糟踏好材料，用種種消極抵抗的法子。現在美國的工人工錢也增多了，時間也減少了，比較中國好得多了；但是他們還不願意，還要要求管理權，這就是想把民治主義應用到實業的組織之中，使工人不但拿錢，並且要有興趣，要有發展才能的機會，使他們覺得自己也是工廠的一部分，這是心理上的問題，不單是工錢和時間的問題。

人類並不是機械，是有血氣的，有心思才力的；筋肉的能力比較很小，此外還有重要的心思、感情的能力比筋肉的能力更大。倘若社會的組織能使社會中所有的心思、感情都願意拿出來爲社會用，這種社會比那全靠武力把持的社會，自然要穩固得多了。

再說沒有共同生活的社會在人格上發生的影響。且分作兩部分說：（一）被治者部分，（二）治者部分。

（一）**被治者部分**：在沒有共同生活的社會中，被治者所受的惡影響有二：

（A）**心理上的惡影響**：最淺的心理方面的惡影響便是愁苦、怨恨、不滿足；甚至於發狂，得神經病。據現在學者的研究，對於神經病下的斷案是：神經病是由於把人類平常應該有的正當的需要情慾強壓下去而起的。可見得凡壓迫人類正當的興趣、正當的願望，結果自然發生神經系的種種病。

（B）**天才上的惡影響**：天才必須常常的試驗纔能發展，如果不用，雖然有統治經理的才能，久而久之，也會消磨了。再凡天才如果不能向正當的方向發展，便要向不正當的方面發展。這方面摧殘了好天才，那方面便養成了壞品性。主奴階級的社會能產出兩種壞根性：（一）**奴性**——服從、阿諛、諂媚，想種種不正當的方法迎合在上的歡心；（二）**狡詐性**——狡猾、奸詐、說謊，用種種不正當的方法來規避在上的威權。

更壞的、更可笑的便是既已造成惡結果之後，反來替這種制度辯護，說這種制度必不可廢，說這一班倚賴的、狡猾的、奴性的、沒有知識的人，那配同我們享共同生活？其實這種種缺點並不是他們生成的，乃是沒有共同生活的制度造成的。一種不良的制度養成了一部分人的奴隸品性；後來反用這種制度的結果來替這種制度辯護，說他們不配同我們平等：這便是世間最可慘的悲劇！

（二）**治者部分**：莫說沒有共同生活的惡影響盡在被治者方面，即便是治者的部分也養成許多壞行爲：

（A）**道德方面的惡影響**：因爲統治者越發當權，越發養成一種殘忍、暴虐、驕傲、奢侈……等種種不正當的行爲。他們所以這樣，也不是天生的，乃是制度養成的，使他們常常高居人上，別人的痛苦一點也不知道，所以祇有一方面的道德。

（B）**知識方面的惡影響**：統治者方面雖然占了許多便宜，有錢有機會可以求學，但是他們所學的都是偏於狹隘的專門技術一方面。譬如做父親的、做教師的、做政客的、當老板的、做工頭的……都偏於一方面，沒有共同的知識。譬如政客如果想保全勢力，便不能不用利誘威嚇的手段，但這是一方面的技術，不是各方面的知識，總不如大政治家能將各方面的意志希望平均採取，使他們都有共同發展的機會。

還有一個重要的壞處：便是上等階級最容易墮落，或衰敗，連平常的知識也沒有。從歷史上看來，沒有一朝帝王起初不是英明神武的，傳了幾代，便成爲特別的階級，不同外人往來，要怎樣便怎樣，沒有限制，久而久之，便生下不好的種嗣，這都是人人共見的事實。最大的原因：便是沒有共同生活，如果有共同生活斷不致有這樣墮落的情形。

以上所說的都是例子，不過想以這些例子來說明我所講的民治主義的哲學。這種哲學所主張的是什麼社會呢？這個社會一定使各分子有自由發展、自由交換、互相幫助、互相利益、互通感情、互換思想知識的機會；社會的基礎是由各分子各以能力自由加入貢獻的。在表面上看來，似乎不大強固，實在是強固得很，不但強固，並且可以減少各種由隔絕交通而發生的弊病。

七

社會哲學和政治哲學應該討論的具體問題

前幾回講演的是社會哲學與政治哲學的性質範圍和用處，後來提出幾個評判制度的標準，這都是普通的、空泛的講法。今天以後要提出社會哲學與政治哲學應該討論的具體問題。

現在爲方便起見，把我們所講的問題分爲三組：

（一）**關於政治的問題**：這組的問題是說明政治的性質和法律政府的範圍。比如說政府是什麼？作用是什麼樣？那種政體是最適宜的？獨裁政治、貴族政治那個好些？那個壞些？政府的範圍應該有多大？那件是應該做的，那件是不應該做的？那種是做得到的，那種是做不到的？

再舉幾個例說：獨裁政治專於注重功效，究竟有什麼限度？爲什麼要有法律？法律的性質是什麼樣？爲什麼要用刑法？刑法的目的在什麼地方？無政府主義究竟有那幾種主張有存在的理由？——這都是屬於政治一組的問題。

（二）**關於知識界思想界生活的問題**：比方講到社會哲學一方面，政治的重要還在第二位；眞正的重要的問題却是文化，如宗教、美術、思想、學術之類。現在且把宗教、美術、思想、學術等比較更重要的列爲第二組。

且舉幾個例說：比方究竟在個人信仰上的威權、遺傳、自由佔什麼地位？思想、言論、出版、集會、結社究竟在社會上佔什麼地位？諸君是讀過歷史的，可以回想古來爭自由的歷史在人類生活上占了多重要的地位。

（三）**關於經濟生活的問題**：比方資本勞動在社會上究竟佔什麼地位？究竟財產應該私有、應該公有？經濟的生活究竟應該競爭的，應該互助的？——這都是很重要的問題，所以提出來作爲第三組。

現在且把這三組問題——政治問題、知識問題、經濟問題——分開一組一組的講演，**先講最後這一組**。爲什麼先講這一組呢？因爲社會生活的基礎建築在經濟生活之上。如同個人一樣，個人要滋養纔能生活，沒有滋養料便死；社會也有這種慾望，如果不能滿足他的需要，便不能保持他的生活。所以簡直可說經濟生活便是社會生活的基礎。

經濟生活範圍很廣，包括：

（一）滿足人生慾望的努力。比如渴了想喝，餓了想吃，爲滿足各種慾望纔出力勞動達到這個目的。

（二）達到目的的工具。用種種方法達到滿足慾望的地步。

（三）爲達到目的而出產的貨物商品。

——這三部分都包括在經濟生活之內。

社會哲學與政治哲學最危險的莫過於看不起經濟的生活。有許多哲學家以爲這是日用平常的事，不值得哲學家研究的。不知社會生活文明程度完全和經濟生活程度作正比例，文明和野蠻的分別就在這一點。野蠻人慾望少、需要少，所以滿足慾望、需要的方法也少；文明人慾望多、需要多，所以要想出種種方法來滿足他們的慾望、需要。因爲這樣，所以宗教、美術、文學……各方面都發展，這就是不能藐視經濟生活的原因。

從前哲學家下「人」的定義，有的說：「人是能說話的動物」，有的說：「人是有理性的動物」，有的說：「人是會笑的動物」。最近法國哲學家柏格森（Henri-Louis Bergson）說：「人是能製造工具的動物。」這個定義和從前不同，很有特別的見解。他說的「製造工具」便含着把天然界的材料，變爲應付需要的器具而說的；下等動物便不能拿天然界的材料來應付他們的需要。所以能製造工具便是人的特別性質。

以上講的是經濟生活的重要，以下再講**經濟生活和人類生活的關係和在社會上的影響**。經濟生活可使人類社會發生兩種影響：（一）分工，（二）互助。

假如我們社會各靠自己去製造器具來應付自己的需要，那麼這種社會立刻便可以回到野蠻時代去了。各人做各人的事不但是辦不到；即便是辦得到，但是社會上沒有互助的生活，除了家庭還有血統的關係外，其餘的人便沒有彼此幫助生活的需要，所以便要回到野蠻時代去了。

分工做事的最大的利益便是能使人專心向一件事上去做，可以養成專門的技術。譬如農夫，專門讓他去務農，別的需要讓別人來供給他，使他可以專心致志的研究農事，自然可以發達他特殊的技能。至於工業更能看出分工的益處。譬如鐵匠、銀匠、畫師、工程師……等個個都有專門的本事，如果不分工，即便有天生的才能也埋沒了，斷不能使他發展到特殊的地位。

分工的利益固然可使專門的技術發展，同時也可以使社會生活互相贊助。因爲越分工則社會生活越複雜，越向不同的方向去發展；社會生活既然複雜，便不能不靠彼此互相幫助。且舉幾個具體的例子：譬如農出產、工製造、商運輸販賣，你靠我做這樣，我靠你供給那樣，結果便把各部分的界限打通了，成一個互助的社會。如果社會事業不分工，必是個老死不相往來的社會，惟有分工才可使社會變成有機體的性質，一部分不出力，他部分必定受損了。

以上所說的分工、互助的道理都是平常的知識，用不着再三的申說。所以要提出來說，就是因爲有人把經濟生活看作物質的下等的生活，先抱定了藐視的成見，說他和人類精神的生活無關，便在歐洲也還有人說物質文明太發展容易使精神的文明墮落。我所以提出來講的意思，是要大家知道物質的生活是很可以影響於精神生活的，如剛才所說的互助的關係，這並不單是物質的生活，實在是精神的生活基礎。

這種藐視經濟生活的成見我們是已經不承認的了；但是還有一種相反的學說，我們也得要拿來批評批評。當十八世紀和十九世紀的初年，英、法學者都承認分工互助的好處，但是看得太重了，便趨到極端，以爲政治問題、思想問題都不重要，都可以歸到經濟問題中去解決。例如斯賓塞爾[19]的政治哲學便完全在這種觀念上建設的。他以為工業發展可生出種種利益，一方面可使個人的天才自然會發展，一方面又可使貨物交通發展，自然會養成互助的觀念，那種不好的、仇視的行為自然會沒有了。進化是從無工業的世界進到工業世界，這是經濟生活自然發展的。

這派叫做**自由貿易派**。他們希望從自由交易上把戰爭根本打消。以為經濟發展，人家都明白戰爭是不經濟的，祇要自由交通、自由貿易，凡是由國際外交和政治所養成的仇敵的勢力都可打消。所以他們主張藉經濟的交通來解決國際的敵視。

不但他們拿自由競爭來打消國際的仇敵，就是國內的互助也主張藉經濟的交易來養成的。他們以為如果讓他們自由競爭，買賣兩方面都有利益，不要定法律去干涉他，自然會生出互助的結果。這派學說都以為人人皆有利己心，利己心本是一切罪惡的原因，但是有意識的利己思想不但無害而且有利。大家都覺得損人利己結果必定不利己，便會養成有意識的利己心；既然養成

19 Herbert Spencer（1820-1903）：現多稱史賓賽，英國哲學家、社會達爾文主義之父。

有意識的利己心，自然會養成互助的習慣。這種學說在世界上還沒有完全實行過，因爲全世界的貿易沒有那一國是完全自由毫無干涉的，所以我們不能過於指摘他，不過照這派學說本身說來，還有**幾種大缺點**。

這派學說的**根本錯誤**便是他們假定的根據在事實上不能實現。照他們的假設必定個人、國家都有平等競爭的能力，但是事實上絕沒有平等的競爭能力，無論是國家是團體，競爭的能力斷乎不能平等的。如果各國個人競爭的能力如才能、工具、財產、資本……都相等，那麼這種學說是很有道理的。不要道德指導，他們自然會發生有意識的利己心，社會中絕沒有這種事實。個人同個人競爭，有才能、工具、財產、資本的人一定要大占便宜的。國家也是這樣。既有這種情形，可見得利己心越發達，越利己，結果必定生出很不平等、很不公道的現象。

這派學說在十九世紀中葉最佔勢力，從一八八〇年到一九一四年，他們的錯處越發發現出來了。從前的武力帝國主義便是大國強國利用經濟的勢力來侵奪小國弱國的利益，這就是這派學說的錯處最顯明的時代。

不但大國同小國、強國同弱國有衝突，便是大國強國自己也起了衝突。

各國自由競爭，各想佔便宜；歐洲北部各國生產不能應付需要，不能不找出小國弱國來做他們的犧牲，結果大國強國之間便起了衝突。不但十八、十九世紀學者所希望的大同世界、和平世界不能實現，並且釀成一九一四年以來的大戰爭。

不但國際間不能實現這種學說，便是國內行了這種學說也發生許多毛病。現在當然承認工商業的國家社會分子有彼此互助的事實；但是因爲各分子的才能資力不平等，所以往往一部分占便宜，一部分吃大虧，結果便生出不平等、不公道的狀況。

現在生產的方法和從前不同，資本家祇要有權力、工具、財力便可以致勞動者的死命。世界上金錢勢力很大，比方製造貨物自成功到賣出的時候，必定要經過很多的日子，多錢的可以居奇，無錢的便不得不賤賣，所以錢多的人與錢少的人競爭力便不能平等。結果還是有錢的人占便宜，可以利用金錢勢力來迫壓無錢無勢的人，侵佔他們的利益了。

簡單說來，勞動問題從學理上觀察勞動資本是互助的，從事實上觀察却一個佔勝，一個吃虧；結果總是一方面享福，一方面吃苦。現在所設勞動問題就是在彌補救濟從前不平等、不公道的壞處。

現在所設勞動問題，在勞動者方面以爲非人道，要求改良，主張根本解決；在資本家方面以爲這是自然的趨勢，不是人力所能挽回的。這些問題原不能批評他們，說那個對，那個不對；姑且表明我們兩個意見：

（一）經濟的互助關係也可以好也可以壞。在從前孤立生活時代，彼此毫無往來，自然不會衝突；現在有了交互的關係，一方面固然有好處，但是他方面也是有壞處。現在的問題，不但要有交互的關係便算了事；還要想怎樣支配這種關係，使他有利不要有害！

（二）要知道自由、平等並不是平行的。十八世紀法國革命，宣告自由、平等、博愛三大主義，以爲有最大多數的自由，自然會使多數平等。前一百年來可算是自由的時代，結果格外顯現出不平等的狀況，這都是自由太多的結果。

現在的問題，是應該怎樣補救自由太過的毛病？怎樣使可能自由，可能平等，好讓各人都有平均的發展的機會？

八 個人主義的起源

上回講過經濟生活可以發生兩個結果：(一)分工，(二)互助。又講到歐洲實業革命的結果，生出一種新政治哲學，大意是承認經濟生活的重要，希望以經濟生活的組織做基礎，把國內外的問題一齊解決。國內去了無意識的利己心，國外免掉無意識的戰爭，達到大同和平的世界。這種理想在歷史上不能實現，並且和事實却都相反。因為自由競爭必以能力平等為條件，能力不平等，結果便生不平不公的現象，所以國內造成資本家迫壓勞動家，國外養成這回的大戰。現在我們所當研究的，便是一方面怎樣公道？一方面怎樣自由？這便是跟隨實業革命而來的困難問題。

今天要講的是實業革命的結果。前回講過：實業革命之後，生產和製造都用機器，利用大規模、大生產的制度，用蒸汽、機器、煤、電來代替人力，因此便發生一種個人主義。個人主義是注重個人自由選擇，愛做什麼便做什麼。這派哲學最注重契約（Contract）的觀念，打破從前分位（Status）的觀念。契約是根據於個人自由意志，得雙方同意締結的。英國有名的歷史家梅因（Sir Henry Maine）說：「人類社會進化的趨勢是由分位時代，趨到契約時代。」分位是包括地位名分說的，最明顯的例子，便是埃及、印度的階級制度，各階級隔絕不相交通；歐洲封建時代也是這樣，都有天生的分定的階級。現在的社會雖然打破分位觀念，但仍有分位的遺跡，如婦女的地位仍然不及男子，便是一個例。再回想幾十年前，不但君主皇室的權力是分定的，便是地主對於佃戶也都有分定的地位。可見得分位的觀念範圍很廣，實行分位觀念的國家也很多。

分位的社會最重要的性質，便是把社會分作許多階級，每階級之中，子子孫孫都做那一樣的事體。從歷史上看來，歐洲改革分位社會並不靠政治革命把他打破，是全靠經濟生活變遷才把他打破的。比方上回所講的婦女分位解放，並不是政治上解放的，全是經濟上解放的，因爲家庭生計逼迫他們，使他們要到社會上去做事，所以纔因而把他們的分位改變了。

我們看英、法兩國的革命可以看出特殊的區別：英國一六八八年的革命是政治革命，法國一七八九年的革命是社會革命。因爲法國的革命不但把朝代換了，並且把從封建制度傳下來的階級、職業、名分一齊打破。梅因說：「由分位時代趨到契約時代」的意思是說，到了一定的時期，自然會把舊制度打破，用個人自由商定的契約來代替他，這便是社會進化的必然的趨勢。

這種社會變遷的結果，便發生一種新政治哲學——個人主義。個人主義的中心觀念，便是根據個人自由意志商定契約，不要政府用法律的或政治的勢力去干涉他們，祇聽他們自由去做。政權越小越好；個人同個人定了合同之後，如果有違背合同的，政府纔可以出來干涉。這派想把經濟哲學變成政治哲學，把政治的改革都看作不大重要的。

這派的哲學把經濟問題、經濟組織，看得比政治生活更重，以爲政治問題都可拿經濟生活來解決的。我們如果把兩千多年前柏拉圖的哲學拿來比較，却和這派相反。他說分位的社會是最高理想的社會；社會中最重要的便是分位，安寧秩序全靠分位維持的；社會各方面能各得其所，全靠各階級各司其事；各階級做各階級本分以內的事體，便是理想的最高的社會。

但是柏拉圖並不是頑固守舊的人，他對於希臘的分位區別並不滿意，覺得那時的分位不但不能維持安寧秩序，並且擾亂安寧秩序。他想找出理性做分位的標準，看社會上需要的是什麼，看那種階級是不可少的，乃設下來那種階級。依柏拉圖的研究，社會上有三種階級是最需要的：（一）指揮的人。社會上事業不能讓個人去辦，必定有個指揮的人才可以做出有意識的事體。他把這種人看得最需要的，他主張祇有哲學家可以做君主，做統治的人，他的理想的共和國便以這種人爲第一需要的。（二）執行和保衛的人。既已有聖賢立法，便要有人執行，不但執行法律，並且要防人攻擊。這種有勇的人便是市民，他們的責任是保護國家，所以佔第二級地位。（三）生產的人。社會有物質的需要，這階級的人是個無產的階級，專用勞力供給社會生活的。如果各階級各盡各的事，便是太平世界。

柏拉圖理想的計畫和別人不同，他的特別貢獻是想出教育的方法。他以爲生是偶然的，應該有教育制度來啓發他。《共和國》中講教育事體很詳細，教育如果辦得好，使最聰明的人升到統治者的地位；次懂得法律的人、有勇氣的人，升到第二層階級；至於那些沒有知識祇有情慾的人，祇好讓他去做小百姓罷。這都是憑教育解決的，不是他們生成的。

柏拉圖這種理想完全是個烏托邦，但是我們也很可以拿來做討論的基礎。因爲他是哲學史中有完全計畫的人，他的議論很可以代表分位派的觀念。

他所主張的是國家社會主義，想用少數人的能力來定各部分的需要。他的根本觀念是看不起經濟的生活，看不起慾望需要。最不相信經濟的需要，想要把他壓將下去，說他不配在社會上占一個重要的地位。

這派哲學却和英、法十八世紀、十九世紀上半期的經濟學說相反。這時候的經濟學說以爲社會最重要的需要是經濟，能使經濟自由發展，個人自由競爭，那麼一切都平安了。他們相信個人用不着聖賢來指揮他們，他們有利己心，自然會懂得他們所要的是什麼，別人都不配去指導他們，指導的並不如他們自由發展、自由契約的好。他們以爲個人祇有自己最知道自己的需要，如果人都照他自己利益去做，總計起來便是社會的利益。因爲經濟並不是個人的，不能孤立的，必定有彼此交互的關係。比方定個契約必定要彼此協商，彼此互有利益；結果不但是個人的幸福，並且是全社會的幸福。如果達到這個目的，全社會都可以安寧和睦。

個人自由契約雖然有不平等的；但是他們以爲不平等不打緊，優勝劣敗是天然的結果。人類正可以利用天然的淘汰來鼓勵社會，使他們努力。歸總一句話：便是拿契約的關係、個人自由做根據，主張國家放任，工商各業均不要干涉。萬一社會上發生衝突，他的發展侵犯我的自由；或是契約有弊，一方履行，一方不履行，國家才可以出來干涉。這派學說平常叫做放任主義（Laissez-Faire），又叫做警察式的政治哲學，把國家看作警察廳，祇要他管一部分警察的職務罷了。

這派學說不但以為自由放任於經濟上有好處，便是道德上也有好處。讓個人自由發展，可以鼓勵個人冒險、競爭、奮鬥的精神，可以減少懶惰、不進取的脾氣。照他們說，經濟的發展很可以幫助社會精神的進步的。

如果把這派學說應用到中國來，拿他們所攻擊的國家干涉，來攻擊家庭的干涉，把家長的權力一切停止了，讓家人各去自由獨立做事，那麼就很可以看出這派學說的好處。

再這派學說不但有幫助天才道德發展的好處，並且可以養成社會上彼此互相信用的態度。因為自由協商必定要兩方面都彼此相信才可以成立，所以這派學說在共同事業、共同生活的社會中最佔重要的分量。從歷史上看來，自從商業發展、自由契約而後，的確養成許多很好的信用態度，歐人的信用未始不是這派學說養成的。

以上是說這派學說的好處，現在再說一說他的缺點。

這派學說第一**個缺點**便是忘記了平等是契約最重要的條件。如果兩方面勢力平等，那麼還可以說得上自由；如果兩方面勢力不平等，那麼所謂自由協商便是笑話了。譬如大資本家什麼都有，祇是缺少工人；但是工人很多，要多少便多少，要給多少工資便給多少工資，你不幹自然有別人去幹。這種傭雇的契約表面上好像是自由協定的，其實工人一方面是無可如何的，祇好忍氣呑聲去幹罷了。這都是因爲沒有平等的勢力，所以雖有契約，好像沒有契約一樣。

這種勢力不平等的契約便生出兩種結果：（一）**勞動時間**，每天做工十六、七小時，工人那有願意的呢？但是雇主說這是他們的自由意志，是他們情願做的；其實祇是生計的逼迫罷了。（二）**工人待遇**，如運用危險的機器，使用有毒的材料，或斷手足，或壓死、炸死，或悶死、害死；工人如果要求賠償，雇主必說這是他願意做的，特為冒險來的，我是不能賠償的。這種契約名為自由，實則都是勢力逼迫的，這便是兩方面勢力不平等的結果。

十九世紀之初，歐洲各商業國都把干涉自由的法律漸漸廢了，到了十九世紀下半期又立許多工廠法，干涉做工的時間和工人待遇。如果做工過乎法定的點鐘以上，或是工廠設備不安全，和使用危險的機器，婦人小孩所能做的工作——都要受法律限制。大概十九世紀的下半期不但不用放任政策，並且用和從前相反的干涉政策。

這派學說第二個缺點便是他們以爲契約的利害祇是當事的兩方面的關係。這一層是他們的大錯，因爲沒有一種契約是個人的關係，不是社會的關係。比方如果有五十人、百人願意賣身做工，情願做那不衛生的苦工，這便不是這幾個人的關係，全社會都要受影響的。自己不衛生、不潔淨，生下來的孩子便弱了，便於種族有害了。所以簡直可說沒有個人的利害不和社會有關係的。

我且舉一個例：美國有一邦定一種新法律限制婦女的工作點鐘，後來反對的人說：「婦女都願意多做幾點鐘，多得幾文錢，法律禁止他們，豈不是侵犯個人的自由權嗎？」立法的人辯道：「便是願意，國家也可以干涉的；因爲過於勞動，生子便弱，結果必使人口減少，種族衰敗，這都是公共的問題，並不是婦女個人的問題。」照這個例子看起來，可見得個人的利害總與社會的利害有關。歐洲大陸都承認勞動保險制度，不但保險，就是失業者、年老者都要保護。德國施行這種制度最早，這回大戰所以團結力很耐久，未始不是行保護制度的報酬。

以上所說的多是關於歐美經濟狀況；中國如果工廠發達，工業制度也不能不有的，剛才所說的放任政策、保護政策未始不可以供參考。勞動時間、工人待遇、婦人小孩做工……等等不衛生的狀況最好是預先防止，不要待到生出流弊再說，等到那時社會上已經受害了。

以上所說的都是學理上的問題；現在的爭論，大家都說是個人主義和社會主義爭勝，今天已把個人主義講完了，下次再講社會主義對於種種問題的態度來比較比較。

九 社會主義的出現

上次講演曾指出個人主義注重自由放任，在歷史上發生許多困難的問題，和顯而易見的流弊。後來便生出反動，有一派學說和個人主義的經濟學說相反對。這派學說自己雖然還沒有一貫的主張，但他們有共同的趨嚮，就是都不贊成經濟的活動一概放任，要想方設法限制，並由公共勢力管理，使經濟事業朝一個方向走去；使這種事業爲社會公共的利益，不爲個人自己的私利。

今天要講反對個人主義的社會哲學與政治哲學。這一派都是抗議的論調，都是攻擊現行的經濟組織、社會組織、工業制度、資本制度，和私有財產制度。他們所攻擊的大概都能一致，但是他們所主張的各有不同，現在要講究竟社會主義一派所主張的是什麼？那就很難說了。

我們所以主張不同的原因：（一）**是道德的見解不同**。他們之中，有的重視道德，有的不重視道德，這是他們一個區別。最初的社會主義在英國、法國的大概多注重道德觀念，攻擊那些不道德的工業資本、財產等制度；後來馬克思（Karl Marx）出來，唱科學的社會主義，找出一種因果律，說某種制度的自然趨勢是怎樣；便丟開道德的觀念，祇講自然的趨勢。

（二）**是對於國家的態度不同**。有的主張公衆的組織動作，利用公共機關來干預經濟的活動；有的還帶點個人主義的遺風，不信仰國家政府，說他們靠不住，祇注重社會全體個人願意的組織，便成了無政府共產主義一派。前派信仰國家，這派反對國家，這便是兩派不同的地方。

這些派別雖然主張不同，但都可稱為社會主義。為什麼呢？因為他們有一個共同的趨嚮：便是經濟活動應該以社會共同的利益為前提，不應該以個人私自發財做前提。他們所以攻擊從前種種經濟學說，因為他們說得太抽象，把社會的方面看輕了；現在經濟制度、工業組織所以發生許多缺點，都因為他們重個人輕社會的緣故。古代的經濟學說祇注重抽象的概念，不注重具體的問題；把勞動資本當作抽象的名詞，不把他當作有血氣、有肉體的人的團體。現在都變到注重社會共同利益方面去了，這便是他們共同一致的趨嚮。

現在對於**道德派、倫理派的社會主義**不能詳細解說，但簡單解說幾句。這派最盛的時期便是十九世紀的上半期，到一八四八年歐洲各國都起了革命，便是這派學說的影響。十九世紀下半期，是馬克思的學說最盛行的時代，直到歐戰為止；現在好像人心對於馬克思的學說有點厭惡的樣子，又回復到十九世紀上半期道德的、倫理的社會主義去了似的。

馬克思攻擊道德派的社會主義，以為他們是感情用事。他說工業制度壞，並不是道德不道德的問題，他要證明那種經濟組織，歸到自殺的一路，自然會趨到滅亡的時代，自然會有新的制度來代替他。他的意思就是說個人主義的經濟制度，自然會趨到滅亡的地步，自然會有社會主義來代替他。

馬克思以為私產制度當初還有存在的理由，工業尚未發達，自耕自食、自製自賣，生產貨物都是他自做的，所以得到的財產應該歸他自己私有。後來行工廠制度，用不着自己去做、自己去賣，分工的結果一件東西經過許多手才製造成功，自己製造的東西不知道賣到什麼地方去了，所以他說工廠發達以後，所有製造和分配已成為社會化了；生產分配已變成社會化，經濟的組織制度還是非社會的，所以沒有存在的理由，應該也變到以社會利益做標準才對。

機器發達之後便有大工廠制度，有大工廠制度便使實業擴大；後來彼此自由競爭，小工廠站不住，非要聯合不可，越聯越大，便成了很大的公司；美國的 Trust[20]便是一個例。馬氏那時已能預料到這種自然的趨勢，說競爭的結果必把競爭取消，經濟活動都歸大公司獨占去了。

總而言之，馬克思的學說有這幾點很重要：（一）認為私有財產是古代的制度，現在沒有存在的理由。（二）經濟競爭的制度是自殺的制度，結果便把實業都歸到少數人的手中去了。（三）資本越大，利益越多；資本家一方面賺錢，工人一方面吃虧；結果社會上祇有極貧極富的階級，便把中等社會消滅了；如到這個地步自然會越生階級競爭的。有許多人罵馬克思，說他提倡階級競爭，實在是冤枉他；其實他祇說這是天然的趨勢，貧富兩階級自然免不掉競爭的。（四）他承認經濟的價值是由勞動而生的，勞動便是一切經濟價值的來源；至於資本家的利益祇是剋扣勞動者的工錢。譬如資本家把工人應得的一塊錢之中扣去一角，以為他得了九角錢便可以養家活口；資本家既已發財，結果便拚命的生產；生產過多，便起了商業上的大恐慌。結果

20 即托拉斯，壟斷組織的高級形式之一。

必定弄出大亂子，發生階級戰爭，使經濟組織完全失其作用；國家沒有法子，才把經濟拿過去歸國家掌管。

以上所說的是馬克思學說的大概。不過到歐戰以後，大家對於他的學說很有一點懷疑，很有一點厭倦的樣子。這却有兩個原因：

（一）他所**說的話多與事實不合**。他說經濟資本集中，這句話固然是驗了；但是他說窮的越窮，富的越富，這一層却與事實相反。自歐戰以來，勞動社會生活的程度高了，不但不受惡影響，且因工價益增，工人的生活反漸漸寬裕起來了。

（二）他的**推算很有一點錯誤**。他說社會主義的國家必定在經濟組織很完備的國家之中纔可以實現；但是照歷史看來却却相反。他想到德國、美國應該最先實現社會主義，却沒有想到俄國最先實現社會主義。俄國尚在家庭經濟時代，沒有到社會經濟時代，照他的推算斷不會有這回社會主義發生，誰知事實上竟然實現社會主義起來了。——因爲有這兩層原因，所以大家對於馬氏的學說不大信用，趨到從前道德派、倫理派的社會主義一方面去了。

現在不能詳細說明**反對馬氏這派社會主義的學說**，且說個大概。美國的虎福爾[21]是個很會辦事的人，這回戰爭被協約國公推他支配糧食，辦理事件很滿人意。他在歐洲很久，回到美國，他有一次演說，說歐洲的社會可算是社會主義破產，凡是實行社會主義的地方，出產的程度都減少，不能供給需要。因爲社會主義把個人的競爭興趣減殺了，人人都沒有競爭的心，所以出產也減少，經濟的進行很困難。東歐一帶尤其顯然。照這種看來，可算是社會主義的失敗。

他這些話也未免講得太過；以幾個月的經驗來批評人家的經濟，未免有些靠不住。且遇這回大亂，經濟衰落也許有別的原因，拿來歸過於社會主義似乎有點過當。但是他的議論也很有價值。從前信仰社會主義的人都攻擊馬克思的國家社會主義，反對經濟由國家管理。不但局外人反對，便是信徒自己也懷疑。這都有種種的理由：（一）把私人自由競爭的經濟完全收歸國家管理，把個人自由活動的興趣取消；結果便恢復從前的封建制度，打消許多自動的活動，阻止許多向前的興趣。（二）這種新組織中一切公有，有才幹的資本家以他多年的經驗，也必定在這種國家中獨占大權。他們既已得到大

21 Herbert Hoover（1874-1964）：現多稱胡佛，美國第三十一任總統。

權，還是爲自己謀利發財；大多數沒有才幹的人仍然是沒有法子進取。——這都是不可防止的流弊。

講到這裏又引我們研究另外一派社會主義的興趣。這一派有的是「公所[22]的社會主義」（Guild Socialism），有的是「工團主義」（Syndicalism）。俄國新憲法的精采，就藉這兩個制度表現出來。這派社會主義的根本觀念：都反對國家的組織和政府的能力。他們對於國家政府有點懷疑。比如美國的工會、歐洲的工團，都是倚靠自己有共同的趨向和利害關係，由自己出力去辦，不信賴國家政府的能力；這便是工團主義。近來新的公所社會主義是以行業爲主體，每種團體當中分子有共同的利害關係，一切經濟的活動由這有共同利害關係的人自己去辦。他們的社會，是每業有一個組織的聯合社會，使各業辦理各業的事件，不靠政府，單拿個人的行業做組織團體的標準。

從歐洲中古到機器發明的時代，各業都有公所，管理營業的生活，組織很完備，對於徒弟行規定錢等管理也狠利害。在工業未發展的時代，這種公所很居重要的地位；到了個人主義發達的時代，以爲這種制度妨礙個人自由，到法國革命而後便一齊廢了。現在主張社會主義的人以爲公所制度很好，與其叫國家替公衆做事，不如以各業爲單位，組織一個適合民治主義精神的團體來做事好。所以現在的公所制度可叫做「工業的民治主義」[23]。

中國現在還有商業公所，當這個由家庭經濟生活到工廠經濟生活的過渡時代，這種制度似乎很可利用。現在應該研究那一部分應該保存，怎樣提倡社交養成對於本行業自尊自重的觀念。因爲本業所需要的技能和有關係的利害，祇有公所可以完全知道。中國學者應該研究這種公所，應該保存公所的好處。

初開講的時候，我們曾再三說明社會哲學和政治哲學的正當的職務：不在籠統的攻擊，不尙武斷的主張，祇貴具體的研究，沒有包醫百病的藥方。我們主張是提出具體的問題，偶然說一點下手的方法。今天要按這個意思提出兩個問題：

（一）中國現在應該怎樣保留經濟的重要利源——路礦、森林、航路——使不致落到私人手裏去，爲私人營私發財的地步？因爲這幾件東西都和公共利害有關係的，中國現在是從簡單的經濟生活進到複雜的經濟生活的時代，

22 現多稱公會。23 Industrial Democracy：現多稱工業民主，是讓勞工在工作場所參與決策、權利與責任的管理模式。

所以這個問題是狠重要的，是狠要研究的。

（二）中國現在應該怎樣利用各業的公所會館制度的好處，使他們發展，並使以職業為根據的團體得進為政治組織的中心！將來的選舉不但由個人選舉，並且由各業公選，或者成績比較好一些。現在有許多公所應該解決；如果解決了，不但是為中國私利，並且可以把這個解決法貢獻到世界上去。

總而言之，社會主義雖然主張不同，但是有個共同的觀念：便是一切經濟事業最大的目的是謀社會利益的，不是為個人發財賺錢的，我們研究中國經濟問題應該拿這種觀念做標準。

十 國家的問題

從前講完緒論以後，曾提出社會、政治的種種問題，分為三大組。第一組是經濟方面的問題。第二組是政治方面的問題。第三組是知識、思想、精神方面的問題。

第一組已經講完了，從今天起，講第二組政治方面的問題。政治方面的問題是什麼呢？大約可以分為四大部分：（一）國家的問題，就是國家的性質、範圍、權力等等；（二）政府的問題，就是政府的性質、作用和權力的範圍，政體的君主、民主那一種好，那一種不好；民主是間接的還是直接的；政府是不是應該有等等；（三）法律的問題，就是法律的作用和範圍等等；（四）權利義務的問題，就是法律對於人民的關係，一是權利，一是義務，和政府對于人民的權利義務的範圍等等。

這些問題，倘一一說來，未免太繁；最好是能找出一個觀念，把這國家、政府、法律、義務和權利四部分都貫串起來。這四部分之中，法律是個中心問題。法律所規定的話，不能讓個人自由選擇。他的特別意義，就是有一種能力，可以幫助法律所說的話，使他有效。用這個根本觀念來看，如事體的合法不合法，即是否在法律之內，是政治的問題；不合法應如何辦理，是司法的問題；立法執法也都是政治的問題：所以法律是個中心問題。

先講第一部分國家的問題。什麼是國家？下這個定義，不是我們的責任。國家無不有人民、土地的，而僅有人民、土地，也未必能算國家。如印度人民很多，土地也很大，還有歷史上傳下來的風俗習慣；但是我們只承認他爲英國的一部分，而不承認他是個國家。這是什麼緣故呢？大概除了人民、土地以外，還有政治的組織，就是政府。但國家却不就是政府，政府不過是一個國家的機關，或器具。

平常有人說：國家是社會的組織，有能力可以管理支配各分子的行爲。但是研究歷史的人就可以曉得，有能力可以管理支配各分子的行爲的，不單是國家如此。家長時代的家長，固有管理支配一家一族中各分子的行爲的能力；就是人類進化到近世，各種團體也有支配管理他的各分子的能力。如一個會能支配會員，教會及營業機關的公司等，也能管理他的各分子的行爲。那麼國家的性質，與此種機關的性質相同。故須向別處去看國家以外的東西，然後可以把國家的性質格外明瞭。

倘不直接去看國家，而看旁的種種組織：凡是一部分人住在一起，他的社會生活，自然發生一種組織，有管理支配的章程、辦法和權力。這種管理支配是免不掉的：不但國家如此，就是主張無政府的人，雖然不承認國家有能力管理支配個人的行爲，但也免不掉一種管理支配的章程。我知道一個美國主張無政府的團體，會員入會時，簽名遵守戒約，永不做官，不投選舉票，亦不被選舉，且不與政府往來。這些章程，會員能夠遵守，就是一種管理支配，與國家有共同的性質。

我們研究無政府主義的實際方面，可以知道他攻擊國家有兩層意思：（一）單是不承認現在這種國家是良好的政治機關，並不是承認一切有組織的團體都不配做管理社會的事業；（二）根本不承認國家應該用武力（Physical Force）執行他的法律，干涉個人的行動。

這是無政府的人所主張的。但究竟國家是否可以用武力來支配各分子的行爲，這個問題非常重要。俄國托爾斯泰（Lev Nikolayevich Tolstoy）一流人，以爲一切武力都不該用：國家不配用兵、警的權力，故國家沒有存在的理由。我們先把這個「力」的問題提出來討論。

極端反對用武力的人，對於精神上的力，也以爲可用。故「力」大約可分爲兩種：一種是精神上的力（Moral Force），一種是物質上的力（Physical Force）。他們雖然反對政治法律的力，而却承認精神上的力，如勸導、教訓，甚而至於嘲諷。我們現在要討論的，究竟精神的力與物質的力有沒有界線可以分別。

據我看來，精神的力與物質的力並沒有絕對的分別。兩種力的界線很難確定。就是最專制野蠻的暴君，也不能全用武力，把人民個個都關在牢獄裏，加上腳鐐，叫他們只准這樣做，不准那樣做。其所以能被他壓服者，還有許多是心理的作用，和精神的反應。他能叫他們「恐怕」，不敢不照他命令的那樣做：這是心理的動機，而不是物質方面的辦法。所以物質的力與精神的力很難分別。

但眞的問題，並不在乎區別物質的力與精神的力，也不是兩種都不能用。**眞的問題是看他「力」的用出來，在精神上起一種什麼反應**。暴君的力所起的反應就是「恐怕」，以及極下等的種種精神反應，所以我們反對他，不要他。

自古以來，各國政府所用法律、政治的威權，有許多不好，可以指摘的地方。但仔細想來，這並不是力的不好，也不是力的該用不該用；而在乎用法的得當不得當、聰明不聰明。**是怎樣用法的問題，不是用不用的問題**。監牢、拷打、腳鐐、殺頭等刑罰，所以應該攻擊，並不是攻擊力的本身，只是攻擊他用力的蠢笨，引起狠壞的反動：一方用的人，養成道德墮落及殘忍凶暴的習慣；一方被執行的人，反而格外規避，法律愈慘酷，規避亦愈巧。所以攻擊他用力太蠢笨，不是說一切力都不准用。

一切精神的力，全賴物質的力始能表現，只有精神的力而沒有物質的力以表現之，則這精神的力也無從看出來了。譬如腦筋裏面的意思，必須口裏說出來，手裏做出來，方能表現；倘只有一個死意思，放在腦筋裏面、不使人知道，有什麼用呢？譬如我有一個出門的意思，一定要從走出門、坐車等動作表現出來；然走出門、坐車等動作，都近於物質方面的力。所以我說，力並不是用不用的問題，是怎樣用法的問題。用法應該聰明、經濟；不要浪費、糟蹋。譬如兩人都有很聰明的意思，只因用法不對，在路上一碰，兩方面的力都打消了。所以法律、政治的作用，是怎樣支配用力的方向，使力用形體表現出來的時候，不衝突，也不糟蹋。

我於講演開端的時候，曾經說過，社會哲學與政治哲學的重要之點，並不是籠統的贊成這樣，攻擊那樣；而在具體的考察評判這一件事，那一件事，這一個問題，那一個問題。現在對於「力」，也當持這個態度，去考察評判「力」的那種用法是好的，是高等的，那種用法是不好的，是下等的；而不是籠絡的主張都應該用或都不應該用。然而這考察評判，用什麼做標準呢？大約有兩個標準：

第一，看用力的時候，其含意是否爲公共利益，還是帶有惡意。倘先存一種仇視的觀念，而不以公共利益爲前提，這種力用出去，必然引起同樣仇視的反動。所以用力以公共利益做根據的是好的，以惡意爲根據的是壞的。如威廉[24]與別國挑戰，是想用力摧殘別人，就是不好的。國際如此，國內也是如此。

第二，看用力的時候，是否能引起最高限度的知識思想。倘摧殘或禁止別人用知識思想的是壞的，能提醒的是好的。因爲用力的蠢笨與聰明，全在知識思想的反應。

用這兩個標準做評判的根據，可以把用力的方法分爲三種：

（一）能力（Energy）。這是不可少的，譬如木匠，不用刀、鋸、銼、鉋等形體的力，怎樣能造出桌子、椅子等物？所以用力得出一種結果，是大家公認，不能反對的。如開口也是力，講話也是力，不用力便不能達到目的。這第一種力不成問題。

（二）阻力（Coercion or Resistance）。這是抵抗的力，例如有侵犯他人自由的事，不得不用力去限制他。這種力可要發生問題了。國與國是否可以使用兵力？國內是否可以使用法律、警察等干涉的力？都成爲問題。但我可以簡單的說：這種力是可以用得的，但須看那引起他的原動力是何等性質。他所抵抗阻止的原動力比較越無理，這種抵抗阻止也就越有理。故這種阻力與引起他的原動力是成比例的。

24 Wilhelm II（1859-1941）：指發起第一次世界大戰的德皇威廉二世。

（三）暴力（Violence）。這完全是破壞消極不經濟的力。第一種「能力」是爲達到目的，第二種「阻力」是爲抵抗強暴，第三種是完全不能發生效果，即發生效果，也所得不償所失。古代的刑法，如腰斬、剮割、揚灰等最慘酷的，本來都可以不用，而執法的人，一定非用他們不足以快其感情，結果養成精神上的不經濟，或蓄復仇的心思，或成規避的習慣。國內、國際，無不如此。所以力的問題，是怎樣使一切的力都變爲第一種有意識、有目的的力，越建設越經濟越好；復怎樣使他不變爲第三種破壞的不經濟的力，以致引起第二種阻力。用這個做標準，然後可以評判力的問題。

「力」既然是越建設越經濟越好，越破壞越不經濟越不好；那末[25]例如國家用力辦教育、開礦、造路、建屋，都是好的；用力害人，便是不好的。但用力並不限于那一種組織，家庭、實業等組織，我剛纔還沒有講到，也都可以用力，不過都應以經濟不經濟、建設不建設來區別。至于國家何以歷史上成爲最高用力的機關呢？這是因爲人類總想尋一個最高主持公道的機關。譬如兩個人打起架來，必定要找第三者的公正人來和解；不但衝突如此，就是偶有意見和利益的不同，彼此都不能不要求第三者的解決。因爲公道很難找，只有第三者在二者以外，不偏彼此，可以做得公正人。又因人類爭執的時候，有一種天性的趨向，一定要找比兩造範圍較大的權力來解決，這就是國家漸漸成爲最高用權力的機關的原因了。

人類天性的趨向，既然要找範圍較大的第三者解決爭端，那末家庭、教會和旁的經濟組織，何嘗不可以出來評判呢？因爲這些都是小的組織，所代表的有限，或與兩造有關係，不能不找更大的第三者出來。文化愈加複雜，各種組織彼此的關係，也愈加密切，遇有爭執的時候，不能不歸到這個代表最多、最廣的公共利益的機關來受評判。即如無政府的人主張自由戀愛，以爲結婚的事，國家不配干涉，男女儘可完全自己辦理。但是他們生下了小孩的時候，若再離婚，這便不單是他們男女兩人的利害了，這裏面便有關係別人的利害，應該有範圍更廣的機關來評判了。社會愈進化，要求第三者解決的事愈多，所以國家更成爲永久的評判機關。

因歷史的進化，國家成爲永久操縱最高權力的機關。我們可以再回到要講的根本問題，找個標準，評判國家的好壞。**國家所以可以操縱最高權力，**

25 那末：即「那麼」。

因爲他代表的是最廣的公共利益；小組織所以不可以操縱最高權力，不配做評判人，因爲他不能代表公共利益，因此，凡是國家能代表最普遍的公共利益的，是好的；若名爲民治而只能代表少數人的利益，或皇室，或黨派，或有錢的人，是不好的。總之政治的根本問題，是怎樣組成一個國家，能代表最普遍的最大多數人的公共利益。

十一　政府的問題，以及德國的答案

上幾次講演國家的性質，指出國家的問題往往容易與政府的問題相混。國家與政府，雖然是兩樣東西，但是因爲沒有一個國家沒有政治組織——政府——，沒有一個國家的重要行爲不是用政府的機關去做的，所以歷史上每每把這兩個國家的問題與政府的問題容易混在一處。

上一次又指出「國家」（State）與「國」（Country）的不同。「國」只要有土地、人民就夠了；「國家」的重要成分，却不僅在土地、人民，而在行使職權和能力的機關。這權力對外可以抵抗防禦，對內可以執行法律。這便是國家的特性。「國家」又與「民族」（Nation）不同。有相同的語言、文字、文學，及大同小異的風俗、習慣、思想，就可以算一個民族了。而民族不是國家。試看歐洲波蘭……等民族，久在那裏想變成一個國家：可見民族可以變成國家，却未必就是國家。有對內對外的權力，才是國家的特性。

國家的性質明白了，再來講政府的問題。這問題所以成爲問題，及最可以引人注意的地方，就是政府的目的，與其所以達到目的的方法，時有衝突。政府的目的，是在做到國家應做的事體；國家所以要有威力，因爲要想做到各小部分都有關係，而各小部分單獨的能力所做不到的事體。我們須先知道，政府的內容，是人做成功的。人無不有他的野心、嗜欲和利己心。怎樣可以使同我們一樣有野心、嗜欲和利己心的政府，去做國家的事體，而不去做他自私自利的事體；使他有威權而不亂用，對于公共的事體，只有利益，沒有妨礙？這眞是一個問題。

古代希臘的學者有一個比喻說，政府是一個牧羊人，人民是一羣羊。牧羊人對于羊所做的事體，就是不使他受豺狼的毒害，而使他有水艸[26]可以過他的日子。或者又說，牧羊人爲什麼要牧這班羊呢？因爲望羊長大些，可以剪羊毛，吃羊肉。如此，政府要用權力保護人民，正因要飽他的私囊。

講到政府的問題，是極困難。政府要達到目的，不能不用威權，否則對內不能行施法律，對外不能抵禦外侮。但是權力在人手裏，怎樣可以使他們用在對內對外，而不去做自私自利的事？這是實際的問題，而不是紙上的空談。近三百年來的學者，主張立憲政體、代議政體，及負責任的政府，都是因爲有了覺悟，要想把政府的威權設法防止，不使他濫用來妨害公安。

這問題在西洋起於兩件重要的事實：第一，根於歷史；第二，根於人的天性。西洋在古代也與東方一樣，政府限於一小部分人的皇朝，而且是世代傳襲下來的。古代相傳，以爲君主的特權是天意給他的；他是應該得的，別人不能爭的。他在政治上有最高的地位，最高的尊嚴，最大的權力；且除了對於上帝、對於良心、負責任以外，對於人民不負責任。因爲政府不負責任，所以有要求代議政體的運動。英國發生這種運動最早。就因他的天命的君主，勢力較小，封建制度，在英最短，神權的君主，沒有大的勢力，所以發生立憲最早。大陸方面君主的勢力還大，立憲政體的成立，所以比較遲些。

以上是歷史的事實。再講人的天性。人類有了大權以後，要是沒有限制，最容易濫用他的權力，做不好的事。無論怎樣的好人，若永遠享用無限的大權，也漸漸利用他的權力去做不正當的事了。林肯嘗說：如不得旁人的同意，無論如何好，不能統治他。他的意思：以爲人無論如何好，只要有了威權在

26 水艸：即「水草」。

手，便有用威權於不正當的範圍的趨勢了。

前幾天看見一個學者着的書，說西洋的政治制度，根據于人性本惡的學說，所以提出許多牽制政府的方法，中國古代的政治制度，根據于人性本善的學說，所以只以爲君主自能仁民愛物，用不着議會等等制度去限制他。這話雖然太偏，但也可以研究。西方的政治制度的根據，其實並不是說人性本來惡的，不過說人類有了大權，若沒有限制，一定有濫用大權的趨勢，就是好人也會有變成壞人的趨勢。並不是以爲人性本來壞的，不過防備他、限制他不做壞事罷了。

但是西洋政治學說，主張限制政府的權力，也不是一概如此。這當中有兩個大派別：第一，主張政府有絕對的威權。此派在大陸方面最有勢力，近世德國的學者最提倡的。第二，與第一派恰恰相反，主張自由，想種種方法限制政府。英國的學者提倡最力。

今天先講第一派。

要講這一派的政治學說，須先講明白這派學說發生在什麼時代。十六、十七世紀是大變遷的時代。一千年來，全歐洲政治的中心，盡在于聖羅馬帝國和聖羅馬教。後來經濟狀況改變了，歐洲北部，發生了許多新的小獨立國；地中海一帶，商務繁盛，漸漸養成了財產階級；蒸汽機雖尚未發明，工廠却狠發達。加以舊教勢力漸小，新教也起來了。合起這些宗教、政治、商業、工業的改革來，把統一的歐洲，弄到四分五裂。北部諸國，且常在紛亂之中。當這過渡時代，有許多人想望從前一統太平的國家，于是在學理上發生這專制的、絕對的政治學說。

在這早不保晚的紛亂時代，自然大家都希望治安；因此對于政治，只要能使天下太平，什麼學說都可以的。他們以爲政府應該有大的權力，使人民過太平日子，其餘的什麼我們都可以犧牲。本這種心理而倡爲學說者，第一就是意大利人馬嘉維利[27]。他做了一本《君道論》[28]，在當初是很有價值的。他以爲君主應該用威權：對內要信賞必罰；對外只要合着保民護國的目的，什麼手段都不要緊，兵力也好，欺詐也好。因爲國家不能受道德限制的，只有一種限制，就是使人民過太平日子。

27 Niccolò Machiavelli（1469-1527）：現多稱馬基維利。28 *Il Principe*：現多稱《君王論》或《君主論》。

馬嘉維利之後，此派第二個學者就是英國的霍布士。他生在英國大革命時代，也提倡國家應有絕對威權的學說，比起馬嘉維利更爲詳盡。他說人類初生時代，彼此互相侵害，由於人類有三種壞的性質：

第一、是貪利，就是有財產的天性：什麼東西，都希望變爲自己的，自己的東西，越多越好。

第二、是怕死，因此彼此互相猜忌：我怕人家害我，人家也怕我害他，結果不得不互相防備。

第三、是好名，就是愛出風頭：自己總要也在人家之上，結果大家爭起來了。

因這三種壞的天性，大家便互相侵害，互相殘殺，沒有安寧的日子，是很可悲的。所以大家商量一個辦法，就是組織國家：把管理的威權情願交給少數人，替他們維持公安，無論如何專制，只能聽他，因爲這威權是他們自己交給他的。

霍布士第一個提倡有條理的主權論的哲學家。他以爲國家的主權是絕對的、無限的，是我們當初自己交給他的。這種觀念，在當時因爲時勢的影響，也是自然的結果。但是受他影響的學者，却太認定了威權絕對無限之說，以爲國家許你做的事，並不單是許你的，是命令的：譬如我們走來走去是法律所不禁的，但是這種法律不禁的行爲，就是法律所許可的，就是法律所命令的。這一派的學說把法律看作無往不在，超于自然的東西。因爲他們以爲法律是國家所造，斷沒有能造者反比所造者爲低的道理。這種學說，在英國一方面後來不久也不適用了。英國經過王政復辟以後，到十七世紀末年（一六八八）又變爲很共和的立憲體，這種學說，已成陳跡。但在大陸方面，還着實有人引伸爲很有力的學說。

霍布士之後，此派第三個重要學者是斯賓娜莎[29]。他把馬嘉維利和霍布士二家學說的精采取出來，變爲一種較高尚、和平的學說。他說人類沒有社會的時候，與下等動物一樣，不能算是人；等到理性發現，知道要有社會，遂把動物的野心壓下去。有了這個觀念，于是發生社會，社會是進化的一級，國家是再高的一級。國家有法律組織，能使人知道行爲的規律，不單靠私欲活動，且能表現理性的生活。由社會國家進化，最高的是共和；但須人人都

29 Baruch de Spinoza（1632-1677）：現多稱史賓諾莎，西方近代哲學重要的理性主義者。

照法律去做，始可成爲共和國家，否則只配專制政體。因爲專制政體可以使人民知道全體的利益，把個人消納于全體之中，故可以看作預備共和國民的訓練。

斯賓娜莎講國家的威權是無限的，人民只有服從，自然不能說什麼反叛，什麼革命。這是很嚴厲的政治學說。但是他也主張一種限制，就是不能侵犯思想信仰的自由。因爲國家是人所以表現他理性的生活，所以讓他一步一步的發展他的理性，不能去侵犯他良心的自由，否則便反背了人類所以要有國家的原由了。

斯賓娜莎的哲學，在他自己的時代，沒有什麼效果。就是他死了以後，也沒有很大的直接的影響；但間接的影響，却是很大。德國後起的學者，把他的學說提出來，再加上點亞里士多德和柏拉圖的學說，合在一起，發生一種新的政治哲學，在大陸方面有非常大的影響。

這派德國的新政治哲學，起於十九世紀的初年。因爲十八世紀末年，法國大革命的反動，鬧得很慘，所以德國這班學者，見了個人主義——自由主義——釀成恐怖殘殺的結果，遂提倡這派哲學。例如黑格爾（Hegel）的學說，以爲國家是代表天意的：天意到什麼地方，便指定那一個國家代表天命，傳播文化。戰爭是表示天意的東西，天意所喜歡的給他勝，否則敗。他並且引許多歷史上的事實，證明天意必有所歸，德國是代表最後的天意，宣傳文化，所以有很大的威權。

黑格爾差不多是個德國官派的哲學家，勢力很大。他由歷史的觀察，以爲神聖的意志，從國家表現出來，個人只能消納于全體之中。黑格爾在歐洲的影響，有兩大效果。

第一，使普魯士的獨裁政治有學理上的根據，助成他的軍國主義；並且使德國人存了一種很壞的見解，以爲只有他的文化是正宗，是代天宣傳的文化。

第二，但這一派學說也有好的一方面。下次講個人主義——自由主義——一派的壞處，在于把國家的勢力太限制了，以爲國家只可維持關於物質方面的平安，他的權力，愈小愈好。現在講這派第二個效果，就是這個反面的好處：就是認定國家所包，不僅在生計方面和物質方面的裁制，還有精神方面的文化事業和教育事業。

這次大戰，常有人說是兩種不相容的政治哲學——自由主義和獨裁政治——的戰爭。我們承認獨裁政治打敗了，以後再有主張他的，不會有最後勝利的了；但是德國系的政治哲學也有一部分眞理，是永遠勝了，不會磨滅的：就是看國家不僅在保護財產，履行契約，還要做精神上文化、教育的事業，使國人有精神上的發展。他們承認：散漫孤立的個人是鬥不過愚陋、貧窮、疾病、痛苦等惡勢力的；所以國家應該利用政府的權力來提倡教育，鼓勵美術科學，保護個人的安全，如勞動保險、老病保險、失業保險等。這些都是積極的貢獻，他們的價值是不會跟着中歐的軍國主義一同消滅的。我希望自由主義的政治哲學家，也把此派有價值的供獻收入，成爲更完美的政治哲學。

十二 政府的問題，以及英國的答案

討論政治的中心問題，就是國家行使政府的威權怎樣纔有道德上的理由？即國家的組織——政府——行施立法、司法、行政的威權，有什麼道德價值的限制？這個問題有兩個答案：

第一，就是上次已經講過，德國系學者的答案。他們以爲這簡直不成問題，因爲一切是非善惡和道德不道德的標準，都根於國家法律而來。沒有國家，便沒有所謂社會生活，自然還有什麼是非善惡、道德不道德可說？國家既然是道德生活的根據，所以用不着道德的限制。

第二，是今天要講的英國一派自由主義的答案。他們以爲國家所以能行使威權，完全以個人的自由爲根據。個人自由有衝突的時候，國家用威權來維持他。

這派自由主義的政治哲學的一個最重要的代表就是英國的洛克（John Locke）。他着書在一千六百八十八年底英國大革命以後，這時候英國正把專制王朝推倒，換了立憲的君主政體。新王朝進來，受許多憲法的限制，從此再沒有專制政體出現。洛克着書的目的是說明立憲政體在學理上的根據，替那一次大革命作辯護。

洛克開始就說有兩種情形的不同：一種是有了政治以後，一種是沒有政治以前。沒有政治以前，是天然時代（State of Nature）。人是理性的、能羣的生物，所以在這時代雖然沒有政治，却也有社會的生活；並不是霍布士所說互相殘殺互相侵奪的情形。可是這時候的人雖然也可以過日子，但有三種缺點，故有發生政治組織的必要。

第一，沒有一種機關能發表社會上應守的法律規則。

第二，彼此發生爭論的時候，沒有第三者做公正人。人人自己都是裁判官，因爲人人都是袒護自己的，所以結果弄得沒有是非。

第三，沒有第三者執行賞罰。犯了罪沒有人去罰他，所以全靠自己或子孫出來報仇，不但人人做裁判官，還要人人做警察，於是大家仇仇相報，沒有已時。

因爲有這種種不方便，故大家商量設立一種公共的機關來做立法、司法、行政的事體，所以有發生政治的必要。

照洛克這樣講法，是人類大家因爲感受沒有政府的不便，所以情願犧牲一部分的自由，去換得更重要的權利。就是犧牲天然時代中人人自己立法、司法、執行的一部分自由，去換得生命財產格外穩妥、格外安全的基本權利。

這樣協商的結果，大家委託一部分人組織政府。人民與政府之間，仿佛立有一種契約：這就是所謂民約論。人民把立法、司法、執行的一部分讓給政府，委託政府去辦，使人民的生命財產格外安全。這就是所謂契約。洛克的用意：第一，是爲一千六百八十八年革命後的立憲政體辯護。規定權限，訂立憲法，是爲保障人民權利；使新政府有學理上的根據。因爲政府是受人民委託來的。第二，是爲這一次大革命說明。推翻斯圖亞特（Stuarts）皇朝，不算反叛，是正當的革命。政府是受人民委託的，辦理不善，就是不守契約，人民當然可以出來更換。這是道德的、合理的、相當的手續。

有一派反對的人，以爲這派學說，用歷史的眼光來考證，沒有確切的證據，所以不能存在；歷史上並沒有人民與政府訂立契約的事實，這種學說，自可打消。但是這種反對，對於這派學說的精義，仍然沒有妨礙。洛克並不是要同人家講考據。他的目的：第一，政府是有目的的，有作用的，不是可以憑空存在的；倘他不能做到契約的條件，人民可以不要他。第二，人民對於政府，應該保留干涉的權利：好的政府不必說，壞的可以推翻更換。這兩種是他的學說的精神，就是沒有歷史上的根據，也能依然存在的。

洛克的學說並不是民主的，而是君主立憲的：不是主張人民保留政治權利，而是主張把政治權利委託政府。但是政府須受限制，政府不守本分時，人民可以革命。他本是王黨，是主張立憲的王黨，所以他的學說如此。

此後一百年，一千七百八十九年，法國大革命起來。那完全是民主的運動。法國大革命的哲學代表是盧梭（Jean-Jacques Rousseau），正如英國大革命[30]的哲學代表是洛克。盧梭提倡的是民主革命的學說。

盧梭的根本觀念，是以前和現有的政府都不是良好的，良好的還沒有出現哩。現在的政府不過根據于勢力、威權。若是正當的政府，應該是根據於公民共同協商，人人把自己的意志暫時取消，尊重共同的意志，以代表社會全體的幸福樂利。所以說，能以社會全體的力量去幫助執行共同意志的政府，才是正當的政府。

盧梭以爲法律是代表共同意志的，故立法權最爲重要，應該讓歸國民全體。洛克的學說，主張三權分立：立法、司法、行政並立，不能偏重，偏了就是專制。這是英國人相傳的見解。盧梭既認立法爲最重要，故不信代表制度，以爲人人應該參預立法。司法、行政不過是派出來管事體的，所以不甚重要，不得當的時候，只要更換就算了；只有立法權非歸人民保存不可。這是極端的民主政體。

盧梭的學說，也如洛克學說之于英國革命，是法國革命的哲學，是革命思想上的背景。英國人不甚歡迎他：英國人看盧梭，正如現在守舊的人看Bolsheviki[31]一樣。Bolsheviki的學說，很有許多從盧梭傳下來的：不過盧梭講的是公民全體，Bolsheviki只主張勞動工人全體；盧梭所講的共同意志，Bolsheviki只主張勞動工人的共同意志，略有不同的地方罷了。

30 即一六八八年至一六八九年的光榮革命。31 Bolsheviki：現多稱布爾什維克。

現在要講這派學說沿革的歷史。洛克的學說，從十七世紀末年一直到一千八百三十二年，經過許多的變遷。十七世紀以後，英國政治的腐敗情形漸漸引起國人的注意。洛克的學說，究竟不是民主，而是君主立憲：憲法的限制，還是很少。英國人受了法國革命的影響，對於他的學說，不能滿意。於是十九世紀有人出來修正，就是所謂「樂利主義[32]派」（Utilitarians）。他們以爲政府是在乎「用」的，是以謀最大多數的最大幸福爲目的的。

樂利主義的根本觀念，就是政府以謀最大多數的最大幸福爲目的；人人平等，每一個人算一個單位。把他分開來說，在政治學上的應用有三條：

第一，每人對於自己的利害，知之最深，旁人無論是誰，總不如他自知的深切。這個觀念很重要——由此發生普通選舉的觀念，主張每人投票，表示他要什麼、不要什麼。近世普通選舉的運動，簡直可說是根據于這一派個人主義的學說。

第二，被舉出來的人須對于國民負責任。這派學者，也知道人人知識不能平等，所以主張代議政體：由普通選舉舉出人來代辦。但是舉出來的人有什麼可限制他呢？否則不是很危險嗎？于是要他負責任：國民選舉他贊成的人，不舉他不贊成的人；選他以後，又有幾年一任的限制，任滿以後，還須回到國民面前去算帳。

第三，立法者也須受法律的制限。這話初聽似很淺薄，其實是很重要的。這就是立法者也須根據基本憲法，使政府各部分，都受憲法的支配。

這三條——普通選舉，負責任的政府，根據憲法的國會——是自由主義的革新主張的重要部分。經過許許多多的爭執，在英國總算逐漸做到；美國自開國以來，也逐漸做到。十九世紀的政治自由史，可以算做這三條要求及實行的歷史。

這派學說在各國經過許多變遷，因爲時間的不同，或地位的不同，他的根本觀念，也受了許多變化。我此刻把這三條總括起來，說他的大意：

第一，國民是政府權威的來源：政府的威權，不是由天上來的，也不是由什麼超自然的勢力來的，是很平常的人民給他的，所以人民有干涉政府的權力。這是民主政治哲學的基本觀念。

32 Utilitarianism：現多稱功利主義或效益主義。

第二，國家是爲社會的，不是社會爲國家的。德國系的講法，以爲社會生活爲國家而設；自由主義則沒有了國家可以使社會間互相交換感情意志，國家爲社會的，不是社會附設于國家的。

第三，不是人民對于國家負責任，乃是國家對于人民負責任。就是政府所行所爲，須在人民面前交代得出；不然，人民就可以干涉或撤換。這一層也很重要，許多手續上的討論，都是爲此。就是人民怎樣纔可以使政府負責任。

關於這類的討論，如普通選舉，直接選舉，規定任職年限，修正選舉法等，其本身問題雖然沒有什麼神聖，但都是朝這一個方向走。有許多手續自然是從政治常識經驗得來的。這種種手續也很重要。人類知識經過多少困難，才能得到這樣一個使國家對于人民負責任、施用威權有限制的方法。所以這些手續也是人類多少年來政治經驗的結晶！

十三　個人的三種權利

我從前把社會哲學與政治哲學的問題分為經濟、政治和知識思想三大組。第一組已經講過了；第二組的問題，前幾次所講，注重在社會應該用法律支配的重要：但不是一個或幾個人發號施令的法律，是由多數人的公共意志維持公共生活的法律。政治的民治的歷史，是人類逐漸做到這個地步的痕跡：就是逐漸把人民公共意志的政治，代替少數人發號施令的政治。

所謂政治的民治，不但用多數人的公共意志的法律，代替發號施令；還有政治上重要的變遷，是用有意識的立法代替遺傳風俗習慣的立法。有許多法律都是古代堆積下來的舊法，而不是研究討論的結果。民治的政治，有立法機關；他的法律，是從研究討論修正來的，這纔是眞正的「立法」（Legislation）。又民治的範圍，逐漸推廣，即使民選官吏一時不能辦到，至少也須辦到選出人來立法、代表多數人的意志。這也是重要的變遷。

我們此刻要討論的，法律在社會實際上有怎樣的作用。簡單的回答，只有兩件事：（1）使人民有種種權利；（2）使人民有種種義務。

權利是什麼？是在行爲的規定當中，有權力可以這樣做。因爲全社會的權力來幫助他，所以他有這樣做的權力。換句話，他所以能夠這樣做，因爲社會的全力在法律背後幫助他；有人干涉時，法律和社會都可以出來代他反抗。所以權利就是全社會的勢力在法律背後允許他這樣做的一種權力。

這些個人所有的權利，是社會法律公認的。所以個人在法律政治上的自由，便是種種權利的總數。法律的第二作用，還須維持秩序和共同生活，故歸併個人應履行種種義務：消極方面，如某事爲社會所不許，某事爲法律所不許；積極方面的，規定行爲的範圍，只准這樣做，不准那樣做，便是一種義務。這種義務，都因維持秩序和共同生活而來。

這樣看來，每種權利，都連帶着義務。例如財產權是個人所有的權利，但也有義務：消極的不許侵害人家財產；積極的則規定種種法律，如納稅，買賣時塡寫一定契約，中人及律師的證明等。這不過舉幾個例，說明有權利而不履行義務，就沒有所謂權利。

由此可以明白權利不是個人自由行動，是在有社會的全勢力在法律後面允許和保護。明白了這個以後，我們可以再來討論權利的三種分別：

第一，個人的權利，或曰天賦的權利（Personal Rights or Natural Rights）。

第二，公民的權利（Civil Rights）。

第三，政治的權利（Political Rights）。

個人的權利就是個人人格的權利，舉具體的例，最重要的有四種：

（一）**生活的權利**。個人生活，總要平安過去，不受人家侵害；倘未經正當判決犯什麼罪，不能侵犯他生命上、身體上的種種自由。這看去雖似很普通，然歷史上不知流了多少的血，才能爭到這一點！

（二）**行動的權利**。這也很重要。有了生命而不能行動，還是沒有用的。

（三）**財產的權利**。這不是有了這個東西那個東西就算了，還須有所有權，就是社會法律公認這個東西那個東西屬於這個人那個人的。

（四）**契約的權利**。與人家做事，非立有契約不可的。

這四種是個人的人格的權利。

再講公民的權利，是從人格的權利來的。因爲四種人格的權利都須經法律規定、社會公認；決不是理想上、道德上的行動自由就夠了的。倘能使這些權利變成社會法律的權利，那末隨時可以使喚種種機關，如法庭警察等等，來替他保護，替他評判屈直，賠償損失。所以這種權利是民事的權利。

民事的權利，在西洋法律上稱爲控告與被告的權利。被告也是一種權利嗎？因爲倘不承認被告的權利，爭執起來的時候，大家都自己執行。所以文明社會裏，不但要求控訴權，還要求被告權。因爲在不做到法治精神的國家和社會裏，人民各分子爭執的時候，往往自己動手執行，不承認對手有被告權。所以被告權也是很緊要的。

這個權利不但人民對人民要保持，就是人民對政府，也要保持的。政治的民治不但人與人有法律保障，人與政府，也有法律保障。英國人在歷史上爲什麼佔重要的位置，便因他很早的立了憲法；對於法律，看得非常寶貴，對於政府官吏，一點也不肯放鬆；凡是身體、行動等等自由，固然不肯受政府隨便支配，就是抽稅等各項保護財產的事務，也必須自己舉出人來辦理：

這樣與政府奮鬭，才能做到這般田地。這是政治的民治史上一件重要事實。

再講政治的權利，也是根於第一、第二兩類來的；因爲止有一、二兩類權利，而沒有第三類政治上的權利，則一、二兩類也不能穩當保持。倘要一、二兩類權利有法律的保障，非于政治方面有權利不可。故人民應該要求參政：即不能選行政官，至少也須選立法官。這政治權利最重要，因是三種權利的保障，至此則其餘兩種都是空文。

我們理想中可以想像一個開明專制的國家，既有好的君主，又有好的官吏，政治、法律都很修明；只有人民沒有政治權：這也未嘗不可能。但從人類經驗上看來，這種理想，大概是夢想了。好的皇帝和官吏，也許可以有的，但只是暫時的。我們從前講過，凡人一朝有了大權在手，無論怎樣好人，總有自甘墮落、濫用大權的趨勢。這是人類一個極大毛病。故無論如何，非有政治權做保障不可。

政治權當中最重要的是選舉權。從前選舉權是有限制的，後來凡是男子都有了，後來不論男女，凡是成人都有了：有了選舉權，於是可以選舉立法、行政的官吏。還有被選舉權：被選舉以後，可以去担任公家事務。古代担任國事的只有少數人的，以後逐漸不論男女都可以担任了。這些雖似不重要，但這是器具、不是目的，是個人的和公民的權利的保障。

講這些權利最應注意之點，就是剛纔所講凡有權利不是獨立爲個人所有：個人所以能有權利，全賴個人是社會的一分子、國家的一分子。他的權利，要是沒有社會國家和法律給他保障，一定不能存立的。這個觀念是根本的觀念。眞講權利的，不可不承認社會國家的組織。主張無政府主義的人，不外兩種說法：第一，一切政府都是壓制的，壓制的便是不好的，所以冒險要求自由；第二，人類社會的組織，已經長久了，所受的訓練，也很夠了；雖把政府法律完全去掉，也仍然能守秩序的。我們看他這兩種講法，都不能不承認社會的組織。

講到權利的觀念，和爭權利的歷史，自是所謂政治的個人主義（Political Individualism）。但這種權利，並不是離開社會而有的，是有了社會組織纔有的。這一層我所以再三申明，因爲每每容易與自私自利的個人主義的爭權利相混。

從前講過社會哲學與政治哲學是比較的、不是絕對的。有了某項事實，或某項社會情形，然後始對他發生某種社會學說與政治學說。權利的問題，現在西洋已經不成問題了。幾百年前，對於這個問題，的確是爭得很利害的；後來爭得的結果，幾項根本權利已大體都有了。中心的問題，現在漸漸變到別方面去了。

從歷史上看來，凡爭權利的運動，都因反對壞的政府和官吏侵犯個人的自由而起。這種政府，西方現在已經漸漸減少；政治的組織，也大體都能代表民意的；法律的保障也都有了。所以現在西方的政治問題，是有了權利以後，怎樣用他，纔可以謀社會的公共利益。

這種政治問題的變遷，可說是從「權利的問題」變到「用權利的機會的問題」，不是爭某人應有某項權利，是怎樣人人可以有用權利的機會。例如沒有財產，要財產權有什麼用呢？所以政治的種種勢力，應該換一個方向，不但使人人有抽象的權利，還要使人人有機會可以用他的權利。

法國一個思想家嘲笑紙上法律和紙上權利說：法律是根於平等的，無論貧人富人，都不准偷麵包；無論貧人富人，都不許在露天裏住。這話譏刺得很利害。我們可以明白，只有紙上的權利是不夠的，總須再有實際上享用權利的機會。

西方近來有許多社會和政治的趨向，可以表示這個變遷。不但用法律、政治的組織，把不公道的逐漸減少，歸於眞實的公道；還有一種社會的公道（Social Justice），也逐漸減少從前的不公道。

再舉個具體的例，如近來有許多國家用勢力規定作工的情形，和婦人、小孩作工的限制。還有許多並規定最低度的工價，使工人不但可以過活，並且略爲寬裕、不至墮落。又如用抽來的租稅，輔助年老和疾病殘廢的人，使他們不作工時也不會受苦。這都可以表示不爲權利，而是用社會政治的組織，使人人有享用權利的機會。

還有最明顯的趨勢，是用納稅的制度，使財產漸趨平均，不但增加歲入而已。例如所得稅，以級數遞進，所得多者抽稅多，所得過少者不抽稅。又如遺產稅，也用級數遞進的法子。這並不是爲國家增加歲入，是以政治的勢力使不公道的逐漸公道，不平等的逐漸平等。這個趨勢，也可以在「權利」的題目底下講，因爲是把權利的範圍逐漸推廣，使人人有充分發展的機會。

西洋近日最重要的問題，是用國家的勢力去平均社會，使不平等的逐漸減少。應該走到什麼限度？這是政治學上討論最切要的：一方是社會主義，一方是個人主義。兩派當中，又有許多派別。

據我看來，這個問題，不但西方，就是中國也未始不重要，不過在中國略爲不同一點。就是：中國要提倡個人自由發展，還是也須像西方的經過爭權奪利的時代，再回到用國家的權力使社會平等呢？還是把兩步並作一步做呢？

我們至少可以從理想上討論這個問題的三項理由：

第一，中國似可把兩步並作一步，同時並做；因爲中國本有古代從孟子以來的保民政策的學說可以做根基。中國向來的政治學說，沒有個人主義羼雜在內，故很可以把從前父母式的皇帝的保民政策，變爲民主的保民政策。

第二，中國今日很可以利用普及教育，使人人的機會平等。普及教育的用處，並不是爲個人爭權奪利，是使人人有平等的機會。西方發達普及教育，遠在工業大革命以後。中國今日正工業革命未興之時，應從速實行普及教育，預備將來機會平等的能力。

第三，中國此時，可以利用專門知識研究專門的問題。西方個人主義學說的壞處，就是不大崇拜專門學說，以爲人人有了教育，人人都能管自己。不曉得社會、政治都是很複雜，就是一小縣裏面，也有教育、稅則等等，都非專門不可。中國此時及早預備，尙可挽救。

這不過幾個意見。問題是很重要的，很值得研究的。中國此時，雖有許多特別問題，但是暫時的；將來總要有回到根本問題的一日。工業變遷是不免的，個人主義的爭權奪利也是不免的。怎樣可以有個人主義的好處，而沒有損害社會的壞處，這是一個重要問題。

十四　國際的問題

今天是第二組政治問題的最後一次。前幾次討論國家的問題，今天從國際方面討論政治問題與國家的關係。

從前開講的時候說過：凡是社會政治哲學的起原，由於社會的種種衝突，如羣與羣的衝突、團體與團體的衝突、利益與利益的衝突。這些衝突，以地理的關係爲其中心，對於羣外的人，都取仇視的態度，不願來往。團體逐漸擴大，至於國家，其羣內與羣外的仇視也愈甚。這些小自部落大至國家的交相仇視，實根據於心理上的理由：人類最怕不知道的人，對於容貌與我不同者，謂之外人；文化與我不同者，謂之野蠻；道德與我不同者，謂之不道德。這是平常衝突的原因。其後團體要擴張勢力，不得不侵害別人的團體，衝突也因而愈大。國際的問題，即起於這個事實。

這個問題，不必詳講。疆界觀念，無論何人，都有一點，諸君想都知道的。以地理的根據而言，小而鄉土、省分，大而國家，都可造成這個觀念。這個觀念有兩方面：一方對於羣內，好惡相投，互相幫助；一方對於羣外，好惡相驅，互相仇視。有事的時候，各自合起羣來，攻打羣外的人。民族的國家（National State），是很新的，是十九世紀的出產品，從前都根於鄉土的觀念，沒有所謂民族的國家的。

民族的國家固是十九世紀的出產品，但從前也未始沒有，不過不甚普通。英國三島本與歐洲隔絕，故成立民族國家最早；西班牙、和蘭[33]、法蘭西[34]，也次第成立，但究係少數。德國本一百多小國，互相侵害，意國也是如此。直至十九世紀中葉以後，他們始漸漸成爲統一的民族國家。日本也要到明治的時代，始歸統一。自此以後，無國家的民族，如波蘭、波海米亞[35]、亞美尼亞；如印度、愛爾蘭等，都要求成爲民族的國家。所以民族的國家是很新的。

民族主義的國家主義這觀念發達，自有好處；但從另一方面看，也未始沒有壞處。國家觀念發達，由小羣變爲大羣，鄉土眼光、地方界限，都逐漸打破，把共同利益的範圍推廣，對於大羣各分子，都有人類的同情，互相幫助，沒有偏私。這是好處。其壞的方面，就是國與國的仇視之見愈深。從前的競爭是沒有組織的，當兵是出錢買來的；現在國家既有組織，一經開戰，全國工、商、學各業都受影響。這次大戰以前，歐洲幾成爲一個武裝的大營盤，大家都等着開仗。結果沒有一個人不受損失，害處反而更大。

民族的國家觀念發達了，同時又發達一個主權（Sovereignty）的觀念。這個觀念，就是國家對於人民，有至高無上的統治權：自己立法，自己司法，自己行政，不容有旁人的干預。結果成爲國際的無政府（International Anarchy）的現狀。國際政治發達的歷史，與國內恰恰相反：前幾次講演國內的政治，自獨裁的變爲法治的，對於人民不負責任的變爲負責任的，權力沒有限制的變爲有限制的；但對國際，却每國都有最高的權力，所以變爲國際的無政府了。

在國際的無政府當中，本來只要有穩妥的國際法。但是現在的國際法，能不能算法律，還是一個問題。法律的最重要觀念，在乎有公認的執行的中

33 和蘭：即荷蘭。34 法蘭西：即法國。35 Bohemia：現多稱波希米亞。

心機關。國際法沒有這個，故平時或尙有用，一到有事的時候，便失了作用了。例如此次大戰，這國說那國違背國際法，那國也說這國違背國際法，其實大家都違背了。這並不希罕，因爲此法自身還沒有成爲法律。法律不能承認戰爭：試看國內的法律，那一條是承認人民可以打架的？國際法對於戰爭並不根本否認，不過定了幾條限制的規則，所以自身已失法律的資格，在國際無政府狀況當中毫無用處了。再說，條約也未始不可補助國際法，但是大半根於均勢：彼此都謀勢力和利益的平均，反使國際現狀格外危險。是則條約也無甚用處了。

這國際的無政府的現狀，到近來大家實在忍無可忍了。所以國家主義儘管發展，同時旁的超國家勢力（Transnational Force）[36]也盡量的發展。這些超國家的勢力如科學、美術、文學、宗教、旅行、郵政、商業、財政等，都逐漸逐漸的把四分五裂的世界連合起來。例如科學，是沒有國界的，這一國科學家的發明，也靠別一國科學家的幫助；宗教也沒有國界的，基督教各國都有，佛教也行於中國、日本、印度、朝鮮等國。這不過舉幾個例，說明人類忍不住國際的無政府，故向旁的方面發展，把世界連合起來。

不但精神上宗教等等的連合，生計方面的連合更爲重要。商業發達，使全世界經濟打成一團。一國中金、銀、棉、麥等價，沒有不影響於別國的。精神方面和經濟方面，都已連合成爲超國界的勢力，而政治方面，却竭力想拆散他，故大家都更覺忍不住了。

因精神方面、經濟方面互相連合的理由，都不能不反對國際無政府的現狀。但政府方面却促成戰爭愈加利害了。戰爭的劇烈，大約有兩個理由：第一，科學發展的結果，潛艇、飛艇，都被戰爭利用。歷史上看來，凡造一種殺人利器，如弓箭、鎗礮[37]、氯氣炮等，當初總想不用的，後來不用做不到，只能用了；故要使再有戰爭，比現在一定還要利害。第二，現在的戰爭，範圍不僅限於戰者，其餘社會上什麼職業都加入的；故一開戰，各業都完全停頓，結果費了多少時間、心思、經費，還不能恢復。

因有這幾種緣故，所以大家覺悟國際的無政府是根本要不得的，大家應該想救濟方法，把國內的法治制度推到國際，造成一種國際的負責任的組織。但這不是容易的事。這是根本的改革，非使政府澈底覺悟、變爲有法律的、

36 Translational Force：也稱跨國勢力。37 鎗礮：即槍炮。

互助的政府不可。從前國民對於外交政策是管不住的，所以民主的制度，不能行於外交：國內儘管民主共和，國際還是獨裁的。故非大家有澈底覺悟、澈底改革不可。

因爲大多數人覺得忍無可忍，所以近幾年來威爾遜總統這些人提倡國際聯盟，各國也狠熱心的贊助。這個新提議是把從前無政府的變爲有政府，司法、立法、行政都有具體的辦法，從前自己作主的制度打破，攻守同盟的協約或聯盟也打破，公認立法、司法、行政的機關。其細節茲不詳講，不過說明大家忍無可忍，故有這許多人的贊助。

固然不消說，一年以來，全世界的人都很失望，不但威爾遜總統提出的種種新組織都失敗了，還鬧出種種失望的事來：只顧現在，不顧將來，對於打敗的國家，逞一時快意，大敲竹槓。這是不必諱言的。但是這個失望不過暫時的，不是永久的，世界不會有永遠壞到這般田地之理。

至於國際聯盟怎樣可以做到，一下也狠難希望；但有許多進行的層次，狠可以樂觀的：

第一，是**仲裁的發展**。仲裁機關的最重要之處，不但公平評判，而在延緩戰爭。戰爭將開，先須經他的研究、調查、評判，時間過去，自然火氣也冷下去了。大概戰爭只有少數人希望的，這樣一來，國際戰爭自然減少了。

第二，是**減少軍備**。從前有一種迷信，以為要和平先應備戰，所謂武裝的和平。這個迷信近來沒有了，並且知道凡是預備了一定要用的，譬如好的刀，天天修飾，總想用他一用。大部分歲入供養了他們，沒有不想試一試的，待一發便難收了，於是國民負担因之加重。所以我希望一二年以內，全世界有一個很有力的要求，把軍費減少，大家向國際的路上走。

第三，是**外交公開**。從前的外交，都在暗底下行動，不使人家知道的。所以一百年前的事，到現在還有為人家所不知道的。現在消息靈通，輿論也格外有力，秘密外交斷不能存在於今日，所以外交公開，也是國際改革的一步。

第四，是國民公共干涉外交。這一層最重要。從前的外交，不特不公開，簡直與國民無關，完全讓少數的外交家和軍人去幹。近來感受外交成敗，不是少數軍人、政客的關係，是國民公共的關係。所以希望全世界的國民，有一種干涉外交的運動。倘國民真能干涉外交，則戰爭自然減少，因為大多數人都是利害相關切的，不願意戰的，要戰的只有極少數人罷了。

總結起來：我所希望的不但和平不打仗就算了。和平是消極的觀念，不算希罕。有些是懦夫，有些是金錢的關係，有些以為國不重要，也都希望和平。所以只有和平的消極觀念是不夠的。國際的和平，須有種種積極的事業，使各國有了這組織以後，解放有用的筋力，用在有用的事業上，解放種種無謂的危險，向着有益的方面走，造成眞正共同生活的世界，眞正共同生活的人類。

十五　科學的三層意義

我從前把社會哲學、政治哲學的問題分爲三大組：（一）經濟的問題，（二）政治的問題，（三）知識思想的問題。第一、第二兩組已經講完了，這一次與下一次講第三組知識思想的問題。

這個知識思想精神上的生活，與經濟政治的生活狠有密切關係。我們可以說這三組問題，第一、第二兩組，不能離第三組而獨立。他的關係，可以從兩方面講。

第一，知識思想精神上的生活，可以提高社會生活的價值。

第二，知識思想精神上的生活，可以算做社會生活的基礎。

我們先講第一層：人類不像動物的樣子，只要飲食男女就夠了。人類的生活，尤須有知識思想精神上的一部分混在裏面變化他們，使他們的欲望合於生活的文明標準，不但滿足欲望就算了。例如近來全世界的種種勞動風潮，他的根源在什麼地方，許多人都以爲只要把物質與資本家平分，就沒有問題了。其實仔細看來，這一層固然也重要，但是這經濟方面的均分不均分，究竟還在其次，工人得了許多錢，恐怕還是不安的。其尤爲重要者，資本家不但壟斷金錢，還要壟斷知識。凡是工廠中關於知識思想的部分，都用不着工人的管理計畫或預算。這狠可以做個例，說明知識思想的生活，能夠使政治經濟的生活格外有價值。

再舉個政治的例：何以全世界的人都要爭這個民治呢？爲生計經濟的生活，大家可以少納稅、多賺錢嗎？其實不然。大家所以要爭民治，因爲爭到了可以讓大多數人加入政治生活，使各人的知識思想感情有充分發展的餘地，推廣原來自私自利的範圍，去做更大的事業。這是民治的益處。故可說：民治的最大益處是教育的，不僅物質生活的提高便夠了的。

以上是第一層，知識思想精神的生活，可以提高政治經濟的生活：不但文化的分量加多，還把享受文化的人的分量加多。再講第二層，知識思想精神的生活，爲社會生活的重要基礎。這是狠顯而易見的。試問社會各方面，那一處沒有知識思想精神的基礎。工業革命，固然在於機器增多，造成近世文明與古代文明大不同之點；但他的根本問題，却不僅在機器，而在一、二百年以前的科學發達。把科學發達的結果，應用到製造出產的工業上去，遂有工業的革命。因此可以推知，不是先有知識思想精神的變遷，決不會有工業的革命。故此刻特別注重第二層。知識思想精神的生活，是社會生活的重要基礎。

講到這裏，我先要提出兩個道理，大家可以承認的。

（一）凡是站得住的文明，一定有狠可靠的根據。這個根據，就是有系統的思想信仰。

（二）一切社會的重要變遷或改革，一定與思想的變遷改革同時來的。

這兩個道理，大家可以公認的。

現在的時代，是一個世界的大轉機，各處都是如此。這個便是表示知識思想的變遷。不但政治制度變遷了，就是許多從前最公認的道理、信仰或學說，也都動搖了。而同時却還沒有找到新的思想信仰來代替將倒的基礎。所以說是全世界知識思想界的大轉機。

現在全世界的第一個社會大問題，就是以科學的「教權」（Authority）來代替從前舊訓成法（Tradition）的教權。教權是什麼呢？就是思想信仰在人生行爲上的影響。沒有一個人能把教權完全打破的，不過這個人打破此點、那個人打破彼點罷了。所以問題是怎樣以科學的教權代替成法，或曰怎樣以科學的思想結晶到從前成法的地位。

人類總離不了兩種勢力：（一）物質的環境的勢力；（二）思想的心理的勢力。什麼是文明？就是人類不在過豬、狗等野蠻的生活，只受物質的支配，而在能管理得住外面物質的勢力和裏面心理的勢力。越管理得多，便是文化越高。人類知識思想影響社會各方面。到了某個時代，從前支配過的教條信仰，已經成了系統，所以還要用這些東西來支配生活，不但物質方面就完了的。

照近世人類學者的講法，人類在地上，狠穩健的演算法，至少已有三十萬年了。這三十萬年當中，肢體官能沒有什麼大變遷、大進化，但在社會的出產品方面，如信仰、文化、教育等等，却格外豐富、濃厚了。傳播文化的方法也格外進步了。

照此看來，最文明的人，其耳目肢體，與三十萬年前的人大體無甚差別，其不同之處，則在人造的或曰人文的結果。人類三十萬年以來，沒有一處不受思想、知識、習慣、信仰、文化、制度等等教權的支配。因此偶有動搖的時候，與旁的生活，處處都有影響。因爲關係太密切了，沒有一個變化不影響旁的變化的。

這些就是我們所要講的知識思想的教權。我們自生下來以至長大，四面八方吸收進來許許多多的思想知識習慣教條，積起來成功文化的環境，處處影響於我們的行爲。這便是所謂教權。教權既如此普遍，故人無論如何自由，不能逃出他的範圍以外。至多也不過教權的性質或方法變了，完全沒有是做不到的。

我們可以問問，我們所講以科學的教權，代替舊訓成法，研究性質上怎麼樣；換句話就是，將來思想改革應該向那一方面走，然後可以成爲教權，影響於人生的行爲。科學的教權，其性質是什麼？明白了這個，然後可以知道趨向。故第一層新的教權，便是以寫實主義代替以前的空想主義，以自然主義代替從前的超自然主義。

什麼叫做以寫實主義代替空想主義，而以自然主義代替超自然主義呢？我們所以反對古訓成法，因爲他大多數不是從思想上研究觀察來的，而從無意識的歷史神話崇拜等事造成的。這些超自然的雲霧造成以後，堆積起來，不敢侵犯，越久便越加神秘，却也越加糊塗了。

我們所講的科學態度，與這些超自然的雲霧完全相反。科學態度注重事實，先觀察，繼以研究，然後判斷批評他應否存在。寫實主義便是承認事實的是非，有對於事實的忠信。所以思想革新，只認事實，凡是不能承認的雖是幾千年來的東西，也不能承認。因此便有許多衝突。其重要之點，就是以根於事實的東西代替不根於事實、但憑想像的東西。

有許多人以爲只重事實，反對想像，未免偏重唯物主義，是狠危險的。這是錯了。只重事實反對想像，未嘗不可有精神上的生活。人類外面的事實，自是物質居多，但人類能懂得他，管理他，對付他，已經是超於物質界了，已經是精神生活了。

我們再講第二層公開的宣傳（Publicity），便是以互助的、公開的方法宣傳文化。人類的進步，全賴他對於宣傳眞理有一種信仰。越宣傳越進步，越秘密越不進步，故宣傳是進步的原因。

舊訓成法所以能站得住，全賴秘密不公開，落在少數人的掌握。科學家發明了新學理、新東西，立刻傳播於世界各國的科學家，讓他們大家試驗、證明和應用。科學家注重互助，打破國際，用公開的宣傳，發明不久，大家都知道了，所以有今日的成績。營業和外交，因爲不知道公開宣傳的好處，什麼事體，只是秘密，所以弊病最多，害處也最大。

營業上所以阻礙進步，就是發明東西，只求專利，嚴守秘密。不使人知道仿做，以保存他的私利。倘科學家也像這樣子發明了不肯告人，只顧私利，或想藏之名山，那裏還有進步呢？外交家也有許多也不肯告人，以爲知道的人多了，戲法就不靈了，鬼祟的手段就用不成功了。這樣把公開的與黑幕的利害一加比較，我們自然主張公開了。

現在的時代，狠有機會可以做互助的宣傳事業。先有系統組織的搜集材料，再像科學已經做過的樣子，公開宣傳出去。現在的時代，物質方面可以幫助我們。電話、電報、海底電、無線電都很發達；印刷業進步，短時間內可以出許多印刷品。報紙這樣多，便是需要的結果。但不能像科學家的謹慎，彼此討論批評；現在的輿論，大半亂七八糟的，不能像科學家的有系統的主張；竟有許多是有作用的宣傳事業，或為黨派、或為大工廠、或為旁的團體所操縱。這種宣傳與我們主張的公開宣傳恰相反的。

如說現在人類還不能利用輿論做宣傳的機會，覺得太可笑了；如說不能利用交通方便、宣傳容易，去做到應該做到的地步，也似不能相信的了。但這宣傳事業不能用科學的方法採集研究、記載、判斷、解說、傳播，這個事實，是應該承認的。那麼與規規矩矩做眞的宣傳事業的輿論還相差很遠咧。

倘有人問我用什麼方法可以使社會將來有條理秩序的進化？我的答案是利用正當的有功效的輿論機關，就是採集研究、記載、判斷、解說、傳播，都是正確的。輿論能夠做到如此，在社會進化上自佔一個重要地位。因為國民所依靠的，只是事業的光明，倘能給他們正確的事實，他的反應，自然靠得住。倘或瞞住了、捏造了、變換了，那裏會有正當的反應呢？所以民治的國家，宣傳事業的機關是狠重要的。

再講第三層是普及教育。這一層用不着什麼討論，只要打破古法，用科學的方法代替他。用事實教育少年，使他們了解知識思想精神的生活。所以我們講到第三組知識思想精神的生活，不能忘了最重要工具的教育。

從前教育是用灌注的方法的，舊訓成法傳下來，叫小孩子裝下去，這是維持舊訓成法的教權。現在看他作改革思想的機關和工具，決不能再用灌注的舊法，應該引出他個人天然的能力，使他充分發展，利用本能，逐漸至於思想判斷。這個教育簡直是解放，不使他受舊訓成法的束縛。

承認教育的功用，自古已然的；但承認教育爲社會進化的工具，是很新的。現在既求社會進化，教育自應注重社會種種需要做材料，預備將來社會生活的目的。

十六

思想自由的目的

上次討論社會生活，全靠有知識思想的生活，然後有價值。人羣生活與羊羣生活不同的地方即在於此。羊因爲怕冷和保護自己，也有羣的生活，但人羣有彼此交通知識思想的生活，所以人羣的生活有精神上的價值，不與羊羣相同。

一切社會組織的價值，不但在物質方面，尤全在於教育方面。每種社會組織的最高價值，都是教育的價值。人家把教育的範圍看得太小了，以爲教育只有發展學校裏面的；其實那一種社會組織沒有教育的影響。若社會的組織漸漸向固定的、死的方面去，則教育的價值低；若社會的組織，能使知識、思想、感情互相交通，格外向變遷的方面走，則教育的價值自高。故社會生活不僅在衣、食、住，而尤在能使社會各分子有精神上的發展，才是社會組織的價值。

這些話不過是個引論，引到今天要討論的知識思想的自由的問題。我前幾次講演權利的時候，把人格的、民事的、政治的權利，都講過了，只有知識思想的權利沒有講到，所以留在今天講的。我以爲各種權利的重要目的，即在保障知識思想的權利——有了各種權利，然後思想、信仰、言論、集會、出版等權利，有自由發展的機會。今天講的，就是知識思想自由的所以重要。

凡是獨裁政治，對於思想自由和發表思想的自由，都是很怕的。他們越怕，我們越可證明這些自由的重要。沒有這些自由，則獨裁政治可以安然過去，不會變動。所以我們可以反證爭得這些自由，便可幫助我們打破獨裁政治的制度。此刻從反面着想，講到知識思想自由的所以重要。

因此可見知識思想的自由，是民治主義所不可少的。非但民治主義所不可少，獨裁政治所最怕，實在是人類文明進步所必需的。人類文明的進步，全賴知識思想的自由交通。所以要求知識、思想的自由，並不爲個人爭奪權利，實在爲人類文明進步着想。

有許多人說：思想自由不怕外力干涉的。言論在外面的，可以干涉；思想在內部的，有誰可以干涉？這話其實錯了。思想與發表思想很有關係的，沒有發表的機會，即有思想也是無用。思想的所以發生，自有他的原因、材料和對象。人必對於外面事理有所不滿意，想發表他，然後有所思想。一個人思想不甚重要的。況且思想的進步與否，全視發表思想的機會之多寡，一個人思想是狠模糊淺薄的。基督教、孔教的所以成爲一種的條理的思想，全是演說作文發表來的。沒有經過發表的手續，思想便沒有系統的。從此可以知道發表思想比個人關了門思想更爲重要了。

換句話，關於發表思想，如言論、集會、出版等自由的重要，有兩個理由：第一，沒有發表思想的自由，則社會不能得思想的益處；沒有益處，就是思想了沒有效果；沒有效果，何必思想。第二，沒有發表思想的自由，則思想沒有價值。因爲思想的價值，都從外人討論切磋比較出來的。經過這些手續，然後有系統的整理的思想。從此可知發表思想的重要了。

所謂言論自由，並不是胡說，正如行動自由不是可以亂打人一樣。行動自由不是可以亂打人，那麼言論自由也不是指大庭廣衆中勸人放火殺人了。豈但大庭廣衆中，就是家中，言論也應該負責，不能亂用妨礙旁人的自由的。

歷史上講言論自由的大約有兩層根據的理由：

第一，平常蒸汽的機器，都有放氣管，把他去掉，危險極大。因為裏面蒸汽越積越多，倘不把「安全的門」放開，機器便要爆裂了。人類的腦子也是如此，太熱了要火燒起來了，不如讓他在大庭廣衆中大演說一番。英國一個大公園裏面，有一處無論什麼人都可以去演說，狂人瘋子，也可自由發表言論。英國是得到言論自由最早的國家，他的政府，知道與其禁止，不如讓他自由，反而沒有危險。

第二，所以要言論自由存在，較為積極的一方面。大凡政治，不外兩種：一種是以威權勢力壓人，一種是不以威權而以勸導。所以提倡言論自由，因為勸導比威權效果格外大。讓他們發表，有贊成的，有反對的，然後可以看出眞假利害來，再經過許多討論，結果拿來做政策。這個初聽不是狠危險嗎？但是有天然的限制，不要緊的。人無論如何荒謬，不會同時許多人同樣荒謬的。有一部分荒謬的時候，自然有人出來反對，討論的結果，自然趨勢總把荒謬者修正不少了，或十分荒謬者，也天然淘汰了。這是言論自由的保障，可以幫助勸導的政治而沒有危險。

在變遷的時代，當局的人最容易採用壓制自由的政策，但是這個時代，決不應該採用壓制的政策，去壓制主張改革的人。主張改革的人一被壓制以後，必定趨於陰謀、暗殺或暴動。信仰很深而沒有機會可以發洩，自然向這些旁的地方跑了。這個動搖的時候，對於思想，應該因勢利導；要是太荒謬的，大多數人也決不會採用的。人類幾千年下來，沒有一種思想是被大砲攻破的、刀斬斷的、鎗打死的。倘能讓他發表，或可有大多數人糾正他，越壓制反越不中用了。

但是我們要問：社會對於太激烈的主張有什麼保障呢？人類大多數大概只有兩種性質：（一）總是愛護秩序，希望治安，對於十分搗亂的主張，自然而然不會贊成的；（二）習慣的力量比思想爲大，故總有惰性，覺得改了不甚方便。人類有這兩層保障，無論如何的思想，決不會有危險的。但是歷史上看來，有許多思想，其傳播之速，竟如火的延燒、疫的傳染，那是一定有特別情形或特別理由，不能相提並論的。

激烈思想傳播所以如此迅速，其原因不在思想本身，而在思想以外的情境。例如最近俄國過激派傳播這樣迅速，我們可以斷定許多小百姓決不見得了解他們領袖人物李寧[38]的主義學理，故原因不在他的思想本身，而在俄國人的沒有飯吃，沒有衣穿，沒有屋住。他們大多數人的衣、食、住都爲少數貴族、資本家霸佔去了，正在飢寒困苦的時候，自然只要幾個字就可以使他們了解了。所以原因不在思想本身，而在旁的情境造成他傳播的機會。

人類的習慣心理，是希望太平、愛護秩序的，苟一旦竟欲破壞習慣，爲少數人的思想所煽動，其罪過必在經濟組織、社會情形和政治狀況。當局者恐怕暴動，想壓制他，實在是一種夢想，因爲思想本身決不能造成激烈的。其所以暴動的眞原因，在乎缺乏衣食住的一點仇恨的感情，思想不過一小分子罷了。

有許多思想家、政治家，希望把全國人的思想信仰歸於統一，故主張排除異端邪說。不知事實上實在做不到的。社會是變遷的，至少生、老、病、死的變遷一定有的。倘大變遷的動機發生以後，想用一個思想來範圍全社會、全國，是做不到的。搗亂分子不從思想一定從旁的方面來了。故聰明的思想家、政治家，以容忍的態度，提倡思想自由。如此還可使人類大家本希望太平、愛護秩序的心理，淘汰十分危險思想的分子，而保存其可以採用的分子。倘注重一致，恐怕反而越不一致了。

38 李寧：即列寧。

一國的思想信仰，大致相同，固然是很好的事；但在這個變遷時代，一致的趨勢，只可說是將來逐漸發展的結果，決不能硬求一致的。何以是逐漸發展的結果呢？只要讓大家自由發揮思想，不合的逐漸淘汰，將來自能趨於大致相同的地步。故只可說統一是長進的結果，不能說一切思想定要就我的範圍。越是硬做，便越不一致，反而產生暗殺、暴動、陰謀等等的結果了。

譬如舉個例：經濟上的社會主義，自然有好些人反對，這因爲涉及個人私利，反對却也難怪的。財產均分的問題既有許多人不情願，但有一種大家都情願的，就是「知識的社會主義」。財產是越分越少，知識却是越分越多的；知識分散，非但無害，而且有益。提倡知識、思想的自由，全在這一點信仰，就是知識思想，越分越向好的方面走，決不會失敗的。由此可知知識的社會主義，大家可以公認的了。

從前講過批評社會政治組織的標準，只有一個，就是凡能增進共同生活，使各部分的思想感情意志格外互相交通的是好的，阻礙的是壞的。現在關於知識思想自由的問題，也仍舊用這個標準，批評他的價值：知識思想能助社會共同生活，使各部分格外流通的是好的，否則壞的。

有許多人反對民治的主張，如英國文學家喀萊爾[39]以為民治就是談話的政治（因為Parliament〔議會〕這個字，是從法文parler〔談話〕這個字來的），找數百個人空談，也可以算得政治嗎？這可以代表反對民治的講法。但是喀萊爾錯了，把言論看得太輕了。言論的所以重要，在乎大家發表思想，互相討論研究，結果把思想格外改良：越加研究討論，則事理越加明白；意見越多，則改良的機會也越多。喀萊爾因此看輕他，確是一種淺薄的成見，沒有見到根本觀念。

老實說，一個政府越是禁止知識、思想的自由，他的政治越成為談話的政治。為什麼呢？因為政治有兩種，一種用武力，一種用勸導，倘不用物質上的武力而用勸導，則研究討論的結果，越能做到民治主義的理想。談話就是不專靠武力而靠精神方面知識思想的力向共同生活的目的進行。

現在把這個講演總結起來，還回到民治和教育的關係。民治的根本觀念，便是對於教育有很大的信仰。這個信仰，便是認定大多數普通人都是可以教

39 即前文所稱的嘉來爾，現多稱卡萊爾。

的，不知者可使他們知，不能者可使他們能，這是民治的根本觀念。民治便是教育，便是繼續不斷的教育，出了學校，在民治社會中服務，處處都得着訓練，與在學校裏一樣。個人的見解逐漸推到全社會、全世界，結果教育收功之日，即全世界共同利害的見解成立之日，豈但一國一社會的幸福而已。

全世界共同利害見解的養成，便是精神的解放。這個觀念很爲重要，到那時候全人類都有此共同心理。我們爲民治主義奮鬬的人，亦可略爲安慰，因爲結果不但爲了社會經濟等等的制度，還替人類的精神大大解放。（完）

教育哲學*

◎伏廬筆記

一 教育與教育哲學為什麼重要？

我開端先要提出兩個問題：第一個是爲什麼要有教育？進一層說，爲什麼教育是不可少的？第二個是爲什麼要有教育哲學？進一層說，爲什麼教育哲學是重要，是不可少？

解答第一個問題，教育所以不可少的緣故，就是因爲人類在嬰孩時期，自己不能生存，要是沒有父母去教育他、扶助他，就不能成人了。有許多低等動物的教育，從小到大，不過都是偏於形體一方面。人類卻不能僅注重形體一方面，還有心理、知識、道德等各方面的教育也都應該注重的。因爲人類的嬰孩時期是個漸進的時期，什麼人都要經過的。教育就是從這個嬰孩時期渡到成人時期的一隻擺渡船。所以教育不是奢侈品，是必需品。簡單說，教育所以不可少的緣故，就是因爲「生」與「死」兩件事。人類當生下來的時候，不能獨立，必須倚靠他人，所以有賴於教育；死去的時候，把生前的一切經驗和知識都丟了，後世子孫倘要再去從頭研究，豈非太不經濟，甚至文化或可因此斷絕，所以因爲人類有死的一件事，也非有教育把他的經驗和知識傳之子孫不可。

解答第二個問題，我們並不是說教育哲學萬不可少，不過是很重要。我們且從反面看：倘使人類沒有教育哲學，對於教育事業必定不去研究他、思想他，但看人怎麼教，我也怎麼教，從前怎麼教，現在也怎麼教；或學他人的時髦，或由自己的喜歡，成一種循環的、無進步的教育。這就是沒有教育學說的流弊。教育哲學就是要使人知道所以然的緣故，並指揮人去實行不要盲從、不沿習慣的教育。

在一種保守的社會裏，教育哲學是用不着的，從前的舊社會，大概都持

*此爲杜威一九一九年九月二十一日起在北京西單手帕胡同教育部會場的講詞，共講十六次，由胡適口譯，伏廬筆記，伏廬應是孫伏園筆名。該講演內容曾於一九一九年至一九二〇年間載於《晨報》、《北京大學日刊》、上海《民國日報》，及《新中國》「叢錄」欄，後收錄於一九二〇年六月《晨報》社出版的《杜威五大講演》。

這種態度，最近二、三百年來，方才有點進步。社會學上有個笑話，說在以前石器時代，斧頭都是用石做的，後來有一個人發明了鐵也可以做斧頭，於是那時候的人就用他所發明的鐵斧把他殺死。這雖然是個笑話，但社會的進化，的確如此，往往自己不喜歡進化，也不喜歡別人進化。

但是另一種社會裏，學說却是不可少。這種社會不但不反對變遷，並知變遷不可沒有。故能歡迎變遷的潮流，預料變遷的趨勢，設法去幫助改良的人物做改良的事業。當現在變遷很快的時代，多少潮流在外面激盪，我們應該去選擇那一種是對，那一種是不對；辨別那一種是重要，那一種是次要。當這時代倘沒有教育哲學的指揮，一定不能從這許多互相抵觸、互相衝突的裏面，選出那一種是我們應該採取的潮流趨勢。

教育與長進（Growth）是很有關係的，教育就是長進。沒有教育，就沒有長進；教育不進步，社會也不能進步。試看：最下等的動物，其初生的嬰孩，與父母大致相同，所不同者，形體之大小而已；等級漸高，嬰孩時期也漸久。一直到最高級的人類，嬰孩與大人便完全不同了。我們看了這個比例覺得很奇怪，以爲階級最高的人類，產生嬰孩便應該立刻變爲成人，豈非可省許多事？詎知這正是人類的極大利益。因爲有了這一個很長的嬰孩期，正可在此期內盡量的教育他。人類的進化，全在這嬰孩期的長久。

再拿人類社會來看，也可以看出漸進的階級。初民社會生活簡單，教育也簡單，不過無形中的一種仿效罷了，就是現在的文明社會，也大部分還是如此。他們沒有學校的教育，只靠着直接的教育。一切人生日用的事，都是他們的教育。試看大多數的人，對於種種常識，實在比我們多。他們雖然不曾受過有形式的教育，然我們不能說他們沒有教育，不過他們所受的是「不文」（Illiterate）[1]的教育罷了。這種「不文」的教育，人類從前受了，都是不知不覺的。後來漸漸進化，覺得一切知識的經驗都不可不保存，使他傳得遠、傳得久，於是文字也就發明了。

後世的人把文字當作一個鑰匙，去從古人經驗所得的知識庫裏面取出種種東西來應用，這實在是一件最便宜的事。

不過有了文字教育以後，漸漸與以前直接的人生日用的教育愈趨愈遠了。文字的教育，學校的教育，我們固然承認他是必需的。因爲沒有他，便

1 Illiterate：即文盲、無知。

不能把古人的東西保存起來，傳授下去。但是這與人生日用愈趨愈遠的流弊，却也不少，大略說，可以分下列三種：

（一）這種文字教育——學校教育——的結果，必定養成一種特別階級。所謂讀書人、文人、學者，都是從這種教育養成的。這種教育與旁的社會也很有關係。受這種教育的人大約只有三種：第一，是古時的祭司、牧師，握教育權的人；第二，是有權勢的人——從前所謂治人的人；第三，是有資產的人。

（二）這種教育的結果，漸漸趨於保守古訓和文字的方面。古代保存下來的東西固然是最好的一部分，但是大家把這保存下來的東西看得太重了，反把人類社會日用的教育看輕了，以爲社會日用的教育不能算做正式教育的一部分。這就是第二個流弊。引一個很簡單的例：譬如 Culture 這個字，本來是栽種的意思，是一件人生日用的事物。後來把受過教育、能通幾國文字的人，也叫做受過 Culture 的人。這就是從實用方面趨於文字方面的一個例。這種趨勢，很可以從歷史上看出來。歐洲數百年前，自然科學早已發明了。學校裏面却還不曾將他收到課程表裏去，間或收了，也不能佔重要的位置。從一般人的眼光裏看來，以爲這種自然科學，比較那講文字、講道德的等等高深學問下賤得多。從前希臘文明發達到這般地步，却是不重科學。現在歐洲重文輕實的趨勢，也還是受了希臘的影響。

（三）這種教育的結果，使學校漸成獨立的機關，與社會不生關係。社會上早已成爲過去的東西，學校却還在那裏教。社會上很有重大需要的東西，學校反不肯教了。大家看得教育當一件容易的事，以爲只要一本書，一般小孩子就辦得到的，無所用其研究的，所以學校變了最古的東西，最守舊的東西。舉一個西洋教育史上的例。二、三百年以前，歐洲商業很發達，那時候還沒有輪船，所以商品都是大家合股裝在帆船裏運輸的。因此，那時對於這件事的計算，如盈餘分配等事，非常重要，特在數學裏面添了一門。現在輪船發明了，這種事實全沒有了。但是數學書裏面關於這類計算盈餘分配的算法，却想盡種種方法，不能把他廢去。問他爲什麼呢？說是從前傳下來的東西，雖然沒有用，也不能去掉的。

以上三種流弊，可以幫助我們知道教育哲學應該提出來要討論的問題：（一）怎樣可以使特別階級的教育變成大多數，變成普及；（二）怎樣可以使偏重文字方面的教育，與人生日用的教育得一個持平的比例；（三）怎樣可以使守舊的教育一方面能保存古代傳下來的最好一部分，一方面能養成適應現在環境的人才。這就是教育哲學應該提出來討論的問題。

以上三個問題當中，第三個最為重要。我們是現代的人，是二十世紀的人。以前保存下來的東西，我們當然是不夠用的。我們應該想法子改造從前教育的目的、方法和材料，使他們適應現代的需要。

指揮教育，改造教育，好像駛一隻船：裝載貨物，固然應該持平，不要使他畸輕畸重，然裝了以後，不能揚帆開駛，使滿裝了貨物的船停在船塢裏腐爛，當然是不行的。古代傳下來的學問，就是裝在船裏的貨物。現在的新潮流、新趨勢，就是行船的風。我們應該把這滿裝貨物的船，乘風前進，不使他停在船塢裏腐爛。

我開場從長進講起，現在也用長進來結束。人類共同的組織也從幼稚時代到長大時代。下等動物的繁殖，與他的父母沒有分別。小貓大貓，小狗大狗，都差不多。二千年以後的貓，我們可以預料同現在一樣，但是二千年以後的人類，我們可就不能知道了。所以我們要是不喜歡暗中摸索，聽其自然，就應該用教育哲學去指揮引導向著我們預定的方針，達到我們希望的目的。因為人類的進化很難推測，若聽其自然，暗中摸索，是非常危險的。教育的所以重要，就是要使他免除這個危險。所以教育不是個人的事業，是社會的、公家的、政府的責任，是人類社會進化最有效的一種工具。

二 許多教育方法和哲學失敗的原因

我先把上次所講的總括起來：教育之所以必要，因爲兒童初生下來很弱，不能獨立，與成人相差的距離太遠了，所以要有這個長時期的撫養、教育和訓練。這就是教育所以必要的緣故。

因此我們可以得到今天所要講的教育的三個要點：（一）兒童的方面；（二）將來兒童要進去做人的社會方面；（三）介乎二者之間的學校和教材。第三點最重要，因爲他的目的是要使兒童進到成人社會裏面去。教育哲學就是指揮他聯絡兒童與社會兩方面，使他成一個過渡的橋或擺渡船。

因爲教育是要把三方面調劑得宜，所以不是容易的事。第一，要有對於社會生活的知識——社會的哲學——有很明瞭的觀察，知道他的趨勢和需要，預備使兒童將來入那一種社會最爲適宜，然後可以定教育的目的。

社會生活的知識使我們可以定教育的目的，這是遠的一端。那近的一端就是兒童。兒童的意志、欲望等等，總之兒童的心理學，是第二件要知道的。譬如駛船一般，他的目的地固然不可不知道，但船的本身和船中的貨物也不可不知道。社會是教育的目的地，是遠的方面；兒童就是教育的本身，是近的方面，都是應該知道的、注重的。

單有上述兩大端，還不能夠做教育事業，因爲還有介乎二者之間的學校和教材等瑣細的事。歷史、地理和自然科學等學科，都是不可不知道的，而且還須懂得這種學科的意義，一方面對於兒童有什麼意義，一方面對於社會有什麼意義。三者聯絡起來，然後可以當教師，談教育。

因爲教育所包的範圍如此之大，所以是很困難的事業；也因爲他所包的範圍如此之大，所以是很有趣味的事業。試問世間那一種職業所涵的方面有這麼多，一方可以知道社會進化的情形，一方有可以研究兒童發展的機會，而一方自己還可以得到學問。這不是很有趣味的事業嗎？

將以上所講的記在心頭，我們可以看出從前種種教育方法和教育哲學的失敗，都由於三方面調劑不得其平。今天所要提出來講的，是從前的人把介乎二者當中的學科看得太重，却把兒童與社會兩方面看得太輕的流弊。

學科最容易離其他兩方面而獨立，因爲學科是教師天天所見的東西。凡是近的東西天天見了，一定愈看愈大，並且能把其餘的大東西都遮住了。正如拿千里鏡來看近的東西一樣。又如將一個手指放在眼前，可以把一切東西都遮住了。學科本來是聯絡兒童與社會的兩岸的橋樑，現在這座橋離了兩岸而獨立了。

把學科獨立，與兒童實際生活脫離關係，其流弊有下列三大端：

（一）第一個流弊可以分作三步：（1）學科與眞生活斷絕，生活自生活，學科自學科；（2）學科變成紙上的假東西，不是眞實的東西；（3）學科在實際上不能應用。

最顯着的一個例，就是成人把自己的種種知識用盡方法縮成一小塊，使兒童熟讀背誦，或用韻語，或如西方宗教中用的問答體；一切道德都已改變了，文字也改變了，他們都不去管他。久而久之，自然毫無意義了。

在創造這種制度的人，以爲兒童將來一定能懂得的、應用的。其實終於不能懂得的，更不用說應用了。因爲這種都是成人認爲眞理的東西，對於兒童，本來沒有意義。兒童的經驗裏面從來沒有這些東西，自然不能懂得了。不能懂得，自然不能應用，自然對於行爲不能發生影響了。兒童在未進學校以前，與他的母親和他的同伴玩耍，覺得很有意義，因爲這些事都是他能懂得的，能用得的。一進學校，便換了一個新天地，見的東西都是不曾見過，聽的東西都是不曾聽過。他於是以爲學校裏面的這些東西本來與實際生活沒有關係的，本來只是騙騙先生的。我們費了多少時間，多少精力，在學校裏頭得了這樣一個教的人和學的人都不希望實際應用的結果，這時間和精力不是完全白費了嗎？

不但舊式的讀經和宗教問答有這種壞結果，就是新式的各種科學，如歷史、地理、物理、化學等等，要是離開了人生日用去講，其所得的結果，也與舊式的教育完全一樣。

譬如一個學化學的人，對於所學的東西只是認爲化學科的東西，化學教室裏頭的東西，徒然記着許多符號、公式和種種試驗的把戲。你若問他應用方面的，如肥皀怎樣造法，爲什麼可以去衣服上面的污，他就不知道了。學植物學、動物學的人也都如此。這種現象本來不能怪他，因爲他本不知道所學的東西與人生日用有什麼關係。所以教育的人要是不把人生日用的實際生活放在心頭，那麼無論什麼學科，都得到與舊式讀經和宗教問答同樣壞的結果。

這種結果，還可以養成知行不合一。譬如某人學了許多學問，別人就叫他爲書生。這個書生的名字不是恭維他，是侮辱他，是表明他什麼都不知道的意思。因爲他所知的學問，不能影響到他的行爲；他的行爲，又不根於他所知的學問，於是養成人家看輕知識的一種習慣。實用教育的所以重要，就是這個緣故。說到實用教育，人家每容易起一種誤會，以爲實用教育就是吃飯主義。其實並不然。吃飯固然未始不重要，教師能教得學生得到飯吃，也是很好的。但是這個實用教育的目的，是要使他用所學的東西指揮他的一切行爲，教的人能知道學科對於兒童和社會的意義，兒童也知道學科對於社會的意義。

（二）從上面第一個流弊看來，學科先與眞生活脫離，次變成紙上的假東西，再次不能實際應用。這種學科，要是學生能用心去學他，也未始不可略有所得。無如與人生日用太沒有關係了，兒童一見便生畏怯，即使勉強學他，也是看作例行公事，騙騙先生罷了。這因爲兒童對於他全然沒有興趣；

沒有興趣，自然覺得困難，自然常常有逃學的事聽見了。

兒童因爲沒有興趣，所以視求學爲困苦的事。一般人——有許多學者——不曉得這個道理，以爲人類的天性是不喜歡求學的，而人類的生活是不得不求學的，於是想盡種種方法去訓練他，使他不得不求學。詎知他學了仍然不能知道。這就是學的東西與人生日用社會沒有關係的緣故。倘能把學的東西與人生日用社會聯貫起來，那麼兒童絕沒有不喜歡求學的，因爲好學正是兒童的天性。

我們試看兒童在未進學校以前與他的母親或同伴在一起的時候，何等喜歡求學：忽而問這樣，忽而問那樣。可見兒童對於求學本有很大的喜歡的趨向。就是間或有幾個例外，也一定或是白癡，或是心理上起了變態。因此我們可以知道現在學校制度的不適用，非但能使兒童本來喜歡求學的變爲不喜歡，且能使他一見學問便生畏懼。這種學校制度還不是天天在那裏造成一種人爲的白癡嗎？

西洋某國的修身書裏面有一課講學校內的義務的，是個問答的體裁。問的是爲什麼不應該逃學？那答語是個譬喻，謂牙齒痛了，應該就醫，能忍得住痛苦的，一會兒就醫好了，倘忍不住這短期的痛苦，那便永遠痛苦了。這可見他的用意：是根本承認求學爲一件很苦的事體。

固然，我們總免不掉到牙醫那裏去就醫，但這是偶然的、不幸的事體，是消極方面的，不是積極方面的。求學也是如此。困難痛苦，都是消極方面的事。要是我們能夠把積極有用的一方面提出來，決不會沒有趣味的。

我們不要說兒童對於求學的苦樂關係甚小，要知他的結果影響於社會者很大而且很久。因爲兒童學了這種討厭的東西，將來出校以後，一定不能在社會裏去應用，社會便因此受了很大很久的損失。所以我們應該去掉他的困難痛苦的一部分，提出他的有用處有趣味的一部分。功夫既省了，社會上也得應用了，兒童也不感受困難苦痛了。

(三) 這種社會與學校分離的結果，其流弊在社會上是太不公平。一種書生是先天的才具，能對於書本子上的學問有趣味。其餘大多數的人，只知道五官接觸的、能夠實成的事體才有趣味，書本子上的趣味是沒有的。結果大多數的人遂沒有求學的機會了。

加以書本子上的學問——文章、經傳——在社會上很重要，於是書生在社會上也佔了重要的位置。其餘大多數的人對於學問有沒有趣味，却不去管他了。這還不是不公平嗎？

因大多數的人對於學問沒有趣味，所以我們應該改良學校的制度和教材，使他們也能感受教育的利益。倘是主張民治的教育——民治國家的教育——的，尤其應該注重大多數人的教育，使一般的工人、匠人、農人都能在民治國家、民治社會裏盡一分子的責任。

今天所講的多是消極的方面，下一次將提出積極的方面來講。

三　兒童的本能

第一次講演的大要，是教育本于兒童的生長。兒童自嬰孩以至成人，其生長有一定的程序，教育也跟了他的生長，有一定的漸進的程序。第二次講演的是教育應該一方與兒童的本能和經驗，一方與社會的需要，互相聯絡，否則不能收教育的效果，並大略指出學科與兒童及社會兩方面脫離關係的種種流弊。

教育的最大毛病，是把學科看作教育的中心。不管兒童的本能、經驗如何，社會的需要如何，只要成人認爲一種好的知識經驗，便煉成一塊，硬把他裝入兒童心裏面去。現在曉得這種辦法是不對了。其改革的方法，只是把教育的中心搬一個家：從學科上面搬到兒童上面。依照兒童長進的程序，使他能逐漸發展他的本能，直到他能自己教育自己爲止。譬如說，某人是受教育了。這並不是說，某人從此不長進了；不過說，他受了教育，到這個時候，從此可以利用他自己的機能，向各方面充分發展罷了。

照以前所講，成人社會是教育的目的，兒童是教育的起點，學校是二者之間一條過渡的橋。教育的目的，是要兒童走過這條橋，到成人社會裏去做一個有用的分子。

第一個應該注重之點，是兒童在沒有教育以前，有一種天生的本能、情性和衝動。教育就應該以這些東西爲根據、爲基礎，不然便沒有教育可施。

從前我在美術學校講演「現代教育的趨勢」的時候，曾舉兒童學話的事做個例。兒童學話由於他的本能，不是勉強可以教的。他一方有聽話的本能，一方又有自己發音的本能。成人所可教的，不過中國人教他聽中國話、說中國話，不要聽英國話、說英國話這種方法罷了。要是自己沒有本能，就是教也沒有益處的。兒童所以能很自然，一方因爲有他自己的本能，一方有父母的教育，一方又有社會環境的需要。教育是利用他的本能及環境，使他朝着我們所預定的方向走去。

兒童不但有聽音和發音的本能，還有一種同樣的欲望。父母教他的時候，必須利用他的本能欲望，造成種種情境的條件，使他不得不用這種名詞、這種文法，並且必須使他用了有效。一切教育，都是如此。這是拿天然的本能欲望做基礎，造出一種情境，使他朝着所定某方向走去的一種方法。

我為什麼再三申明天然本能的重要，因為有許多教育學者把這個不學而知的本能看得太輕了，以為兒童一定不能由嬰孩一腳跳到成人的階級，所以他們總想把兒童期縮短，將成人的知識經驗硬裝進去。他們以為兒童期是完全白費了的，那裏知道這是眞正的教育基礎！

舉兩個理由，證明中國今日為什麼應該格外注重本能的教育。第一，如果教育的目的是造成貴族的專制的國家，那麼用這種裝進去的方法也就夠了，因為學的人多少總可得到一點知識。但如果是在民治的共和的國家，那麼，教育便應該使人人有平等發展的機會，去做一個眞正的民治社會、民治國家的分子。第二，如果在太平時代，這種舊法，也未始不可勉強過去。然在今日變遷活動的時代，又不能不變遷、不能不活動的時代，格外應該注重這種本能的教育。因為成人的性情已經固定，很難變遷；兒童的本能却是軟的，易變的，可方可圓的，我們可以利用他朝着最新的最適當的方向走去。

以上所講的是個緒論，不過很長了。今天所要提出來講的是「遊戲」和

「做工」與訓練本能的關係。遊戲與做工，對於身體的機能本來很有關係的。東洋諸國，對於體育，向不注意。西洋以前也是如此，以爲身體是精神的仇敵，須先把身體鎭服下去，然後可以有精神的發展。教育者先有了這一個根本觀念，所以對於兒童一意要他靜止，不准活動，然後把他認爲寶貝的東西硬裝下去。這種根本觀念，與新教育的精神恰恰柤反。我有一次在美國講演教育，說中國的教師教兒童均須高聲朗誦。這種教育固然不好，但身體上總還有一部分的發展，比較西洋只准靜坐並聲音都不許一發者，還略爲好些。教育倘不注重身體機能，是一定沒有好效果的。遊戲與工作，便是最與身體機能有關係的東西。遊戲是兒童喜歡向那一方面發展的活動，並不是壞的玩要。倘能讓他自由發展，我們可以看出他的許多種類。然大概是模仿成人的舉動居多。研究社會學的人謂，就在野蠻社會裏也是如此。西洋兒童的遊戲，種類很多，如設爲主客的往來，我請你吃飯，你請我吃飯，以及煮飯、燒菜等等動作。小女孩子則玩洋囝囝，爲他穿衣脫衣。近城市的小孩子，則有火車裝運貨物等遊戲。可見這些大概全是模仿成人的。

小孩子有這種模仿成人社會的活動，我們可以利用他造出許多有意義的遊戲，用最容易方法，輸入社會實用的知識。幼稚園發明者德國人福祿培爾[2]就是應用這種方法的。我因此重新引起以前兩句話：中國今日實在有拿人家發明的東西到本國來應用的好機會。雖他的細目，自然也有不同的地方，而他的普通的方法，究竟是人家費幾百年的心力發明的，拿來應用，豈不很好。

這種幼稚園的制度，固然可以利用兒童模仿成人的一性，使他做有意義的活動；然而還有一件事很重要，就是女教員的問題。這種初等教育，斷不是老年人或粗心男子所能勝任的。女子最能細心體會兒童的性情，倘能把幼稚園的教育移到他們手裏，定可使他們做母親而兼做教師的。理會福祿培爾的學理，將他所需要的恩物、唱歌等等東西，用中國的材料，照中國的情形，造成一種新的幼稚園制度。倘能於我回國的時候做到這一層，我就很滿意了。

遊戲場上有組織的運動遊戲，其對於體育方面、官能方面的好處不用說了。還有重要的是能發生一種社會的性質：一方能養成領袖的人才；一方又能養成輔助的人才。最重要的是能有一種通力合作的 Teams 的精神。

其他還有道德方面的訓練。第一，可以養成一種好漢（sportsman）的態度。好漢能主持公道，什麼詭計作弊等事，都是好漢所不取的。第二，能有對於運動本身的一種興趣，不為賣錢，不為賣名，而對於運動自有很大的興趣。這很可以養成尚武的精神。從前拿破崙被惠靈頓（Duke of Wellington）戰敗於滑鐵盧的時候，惠靈頓曾說：「這一次的勝利，並不是戰場裏得來的，是球場裏得來的。」這話雖然或係那種踢球的人造出來的也未可知，然其中確有道理。就看這一次的大戰，英、美軍隊平素並沒有像大陸方面的訓練，然竟能打得勝仗，這就因為他們的訓練在運動場上面的緣故。法國人因英、美人喜歡運動，特為他們造了許多運動場。現在法國自己也曉得運動的重要，添造運動場不少了。

現在我們要講到做工了。凡是眞有價值的手工，一定含有一點遊戲的動作。兒童不特喜歡模仿成人的動作，還有一種喜歡製造的天性。因此我們可以利用這種天性，使他變為有用。第一，訓練他的官能。第二，使他隨機應變。第三，最重要的，是有輸入知識教育的價值。

何以說有輸入知識教育的價值呢？譬如木工裏的鋸、錘、鉋這種東西，

2 Friedrich Wilhelm August Fröbel（1782-1852）：現多稱福祿貝爾，德國教育家，被公認是十九世紀歐洲最重要的教育家之一。

用久了都是要發熱的。人類幾千百年前對於這件事已習見了，等到近來，始發明力學上「能力不滅」的道理。然這道理是很抽象的、很高深的，要是不能在這種鋸、錘發熱的淺近事物上面引他進去，對他說明，兒童一定很不容易懂得的了。其餘如燒飯的時候，可以講化學的道理；種花的時候，可以講植物學的道理。這種都是從手工上可以輸入知識的極大價值。

最後舉一個例，五月裏我初到南京的時候，南京高等師範的附屬幼稚園正在養蠶。他們從選擇蠶子和保存蠶子做起，漸漸用桑葉飼養，讓他作繭；待我到時，已是在抽絲的時候了。這種層次漸進的訓練，倘抽象的看來，不過很有趣味罷了，其實在知識上有極大的價值。小孩子從蠶子看起，進而幼蟲，再進而作繭，變爲飛蛾，幾個禮拜以內看出生物的全套變遷，一定能得到許多生物學上的知識。再講實業方面，從選擇蠶子入手，一直到絲的價值，綢的好壞，都可以使兒童知道。蠶絲爲中國南方出產大宗，兒童從這裏得到這許多順序漸進的知識，都可在社會應用。這種灌輸知識的價值還不大嗎？

最後還有很重要的，就是今天所講的，千萬不要誤會，以爲這種遊戲、運動、手工，不過是因爲恐怕小孩子學得太苦了，給他一點有趣味的東西，像那吃苦東西的時候，給他一點飴糖一樣。要曉得這並不是擱糖的教育方法，這是以本能爲基礎，使兒童能利用本能得到應得的知識的教育方法。

四 做戲與工作

我前次講過教育的三大部分：第一是社會，就是教育的目的；第二是學校和學科，就是中間一條過渡的橋；第三是兒童的生活和本能，就是教育的起點。並述這三部分當中，教的人每每容易偏重第二部分，而看輕第一、第三兩部分，使學科成爲孤立的東西，與將來的社會無關，與現在的兒童生活也無關。上一次提出方法來，用（一）遊戲和（二）有組織的運動，引起兒童的興趣和本能，使他能自由發展。今天繼續再提出兩種方法，就是第三「做戲」（Dramatization）、第四「工作」（Work），並說怎樣能使他們與學校聯在一起。

先講「做戲」。兒童的心理，與戲很有關係。人類的意思影像當中，有一種要向外表現的趨勢。即成人也是如此。喜了要笑，悲了要哭，除了故意鎮靜以外，平常沒有不向外表現的。兒童的意思、觀念、影像，都是具體的居多，所以格外容易於他的言語上、指使上、容貌上表現出來，遊戲是用動作表現心理，做戲也是用動作表現心理，不過較有條理一點。兒童心理每于言語、指使、容貌上表現出來，所以我們可以利用他，使他表現某種知識、意志或感情。

從學科裏面選出幾種最容易用做戲來幫助的，如文學、歷史及人文地理，都是與人類社會很有關係的學科。文學中的小說和故事，都可以用戲做出來的。人文地理中的人情、風俗、習慣，也可以用戲做出來的。至於歷史，更沒有不可用戲做出來的了。不過我用「做戲」這個名詞，似乎太重一點。因爲平常人總以爲一齣一齣、一幕一幕的才可以算「做戲」。其實 Drama 這個字在希臘文裏，本來不過是「做」的意思。倘兒童的程度夠得上把有頭有尾的戲做出來，也未始不好。不過我所講的做戲，却近于希臘文的原意思，是廣義的做戲，並不是限於一齣一齣的。這不過是把歷史事實分別擔任、逐段演出來罷了。故事、小說、人情、風俗，都是如此。總之要使書本子上的東西能有一種動作的表現，使兒童把自己看做書中事物的一部分。並不是說狹義的、一齣一齣的平常戲劇家所演的戲。

用演戲的方法幫助學科，其最顯明的利益，就是使兒童有趣味。我上次已經講過，我們這種教育方法，並不是怕他學得苦了加點糖的教育方法。所以使兒童有趣味，還不是重要的目的。最重要的是使他有知識方面的作用。

第一能使他設身處地，知道他自己就是戲中的人物，戲中的悲歡離合，彷彿是他自己的悲歡離合。我們成人平常看戲，也是如此。看好的戲，往往好像臺上臺下合而爲一。所以兒童在做戲的時候，做的人固然自以爲戲中的一部，就是看的人，也自以爲戲中的一部。這時候古代的人，都彷彿當作同時的人。歷史上的事，也都彷彿當作自己的事。這種輸入知識的方法，比那空講地球、月球這種乾燥，自然覺得格外親切有味。就講道德方面，從前的種種格言式、教訓式的方法，收效很少。倘能用演戲的方法輸入道德教育，收效一定比那種紙上空談的道德教育爲大。我從前講過，道德教育應該要先從行爲做起。現在不得已而思其次，從做戲的行爲上，也可以養成道德的習慣。

第二個知識方面的作用，是可以引起兒童有選擇的能力和安排的能力。這一段故事裏面，並不是都可以演出來的，於是選擇出最精采的一部分。這一部分當中，又不是個個人相宜的，於是你做這個，我做那個。但這還是個人方面，等到選擇定了，於是大家商量怎樣安排，怎樣說法，怎樣做法；那一句話，那一件事，應該要，應該不要。然後做成聯貫的戲。這不但是個人方面，還能使他們有選擇安排的能力及共通的精神了。所以弄好弄壞，都要大家負責。這樣不但使兒童有被動的吸收，並能養成自己活動的和選擇聯貫的能力。

第三個作用，可以使兒童的知識影像格外明瞭、正確。平常教習發問，兒童照書中回答，即使不錯，也是很大意的。但倘要他實地做出來，那就非懂得一字一句的意義，和名詞所代表的事物、動詞所代表的動作不可了。

最後第四個作用，就是能養成社會的共同生活的習慣。課堂中你做卷子，我做答案，都是單獨的。一到演戲的時候，大家的言語動作，都要互相照應，成功失敗，是大家的事，不是一個人的事。所以他能養成通力合作的精神，不單淺而易見的使兒童有趣味罷了。

次講「工作」。工作也可以利用來使與兒童的生活經驗發生關係。我們先問問工作是什麼？工作與遊戲的區別是什麼？我們所以叫他做工作，不叫他做遊戲，其根本不同的地方，就是他的目的在要造成一種看得出的可以留存的出產品，不像遊戲的單使兒童有興味有動作罷了。兒童倘有想留下一點結果的意思，不單玩玩就算了，那就是從遊戲時代進到工作時代來了。不過工作與遊戲，在兒童的眼光裏，區別不大嚴。往往我們成人認爲極苦的事體，如煮飯、燒菜等，大家都不要幹，要使廚師去幹；在兒童却極喜歡，並極有趣味，當作一種遊戲去幹。這一點也是應該注意的。

剛才講過「工作」與「遊戲」的區別。此刻再要講的，就是「工作」與「功課」也略有不同。「功課」也是「Work」，但他有自上而下的意思，有用教習的威權壓逼出來的意思。我所謂工作，是自動的，與兒童的心理聯貫的，能發生一種出產品的工作。這與自上而下用教習的威權壓逼出來的工作截然不同，又與強迫要做、不做要罰的苦工（drudgery）也截然不同。

這種不但有興味有動作並且有結果的工作，在教育上的利益，據我看來，第一，因爲有實在的出產品，就是開始教兒童做事要有目的。一切動作，都集中在目的上；一切精神，都貫注在目的上。第二，教兒童對於材料要有選擇的方法與手段，處處須與他的目的互相照應。這可以養成一種判斷的能力。現在的學校裏造出許多無用的人才，就都因爲沒有判斷力，而且他的方法手段與目的不能互相照應的緣故。他們倘能經過這種工作，一定於知識上有很大的益處。

不但如此，我所最注意的是在借此輸入有用的知識，甚而至於高深的科學知識。譬如植物學，現在中學堂裏教的，總是科學家最後研究的結果：例如學名什麼，普通名詞什麼，屬於什麼類、什麼門、什麼種、什麼族。這種乾燥無味的教授，當然不能在小學裏教，即使教了，至多也不過使兒童記得許多名詞，或再多也不過拿到眞的植物，能辨別那一類、那一門、那一種、那一族罷了。我們倘借工作的方法輸入知識，兒童一定很有趣味。例如種花種樹這等事，兒童都是極喜歡的。有許多植物，在短期內可以看出他的發芽、長成、開花、結籽；教習便可隨時隨地教以種種有用的知識，甚而至於複雜繁難的科學知識。

譬如種花，拿種子放在泥土裏，或濕棉花裏，或吸水紙裏，都會抽芽；但種在濕棉花裏的芽，便比種在泥土的短，種在吸水紙裏的，又比濕棉花裏的短。後來吸水紙上、濕棉花上的，待滋養料一完，都漸漸的枯了，而種在泥土中的，却發生滋長，以至開花結果。因此可以教他們所以然的道理，如日光、水分、熱度、土性的肥瘠，以及肥料選擇等等。這種都是與人生日用很有關係的科學知識，平常不能用以教中學以下的學生，一用工作方法，便很容易輸入了。

再舉高深點的一個例。前幾年有個科學家調查生物的生長，要費掉多少能力，於是他在一株正在生長的南瓜外面套上一隻木箱，上置計算重量的碼子[3]，看他穿破箱蓋的能力有多少。這種試驗，兒童看了，以爲植物生長的時候，竟能舉得起多少重，自然覺得很有興味。因此可以教他：凡是營養料能製造出很大的能力的道理；再推及於人類的能力，也由於營養料造成的；又如植物在生物界是怎樣一個地位，他怎樣靠營養料生長，人又怎樣當他做營養料。這都是很高深的學問，借了工作的方法，便可以盡量輸入了。

科學的教授，在高級學校裏，這百年來經了一大革命，就是添出一種「試驗室」的新方法。物理、化學等等學科，都有試驗室，可以實地試驗。他的根本道理，與我們所講的道理完全一樣，就是要使學的人不但得到書本子上的學問，還要使他自己的動作參加在試驗裏面，看出某種試驗是否能得與某種學理相合的效果。這就是用試驗的結果來證明學理的方法。既然高級學校添了試驗室，得有很大的進步，我們可以覺悟，幼稚園及小學，都應該與高級學校打通，有一種試驗的精神。我很奇怪，人類發生自然科學何以這樣的晚呢？人類的四周都是自然現象，本來早可以發生自然科學了，何以一直要等到最近的百年呢？據我看來，自然科學所以發生這樣晚的理由，在於人類觀察事物，有了一點常識，便不肯再去觀察，只是用耳朵當眼睛去聽別人家講的道理，或自己閉了眼睛去想出道理來。要補救這種弊病，我想倘能懂得或利用我們所講，常常用結果證明學理的試驗方法，或者科學的發達因此可以格外有點進步罷。

以上所講四種方法——遊戲、有組織的運動、演戲、工作——我們已經把利用兒童的本能和生活做基礎的道理講完了。但這還是教育三大部分之一。以後再講社會與學科兩方面。

3 應爲計算重量的量測器。

五 學校的作用

我再請諸君回想上幾次講過教育的三大部分：第一，兒童，就是教育的起點；第二，學校與學科，就是一條過渡的橋；第三，社會生活，就是教育的目的。第一部分以前已講過了，並且略及第二部分。今天及下一次講第三部分，就是社會的一部分。

總括說：教育的目的——民治國家尤其如此——是要養成配做社會的良好分子的公民；詳言之，就是使社會各分子能承受社會的過去或現在的各種經驗，不但被動的吸收，還須每人同時做一個發射的中心，使他所承受的及發射的都貢獻到別的公民的心裏去，也來加入社會的活動。

做一個好的公民，這句話看去仿佛有點政治的意味。人每以爲所謂好的公民，總是指着對於選舉等事能盡公民的職務，有忠心，沒有欺詐而言。這一部分固然也重要，在民治的國民，尤其重要。因爲不但自己不做欺詐卑劣的手段，還貴能互相監督，互相糾察，使大家做一個良好的公民。

但做這種用知識參預政治、監督政治的良好公民，還是很淺近很明白的一個方面。還有那非政治的一方面：第一，乃是要做一個良好的鄰舍或朋友。因爲人是共同生活的，一切公共娛樂以及圖書館等等都很重要。進一層，第二，不但我受別人的益處，還要別人受我的益處。第三，經濟方面應該做一個生利的、出產的人，不要做分利的人。第四，應該做一個好的消費家。生利固然不容易，消費也不容易。譬如各種貨物，要監督他，使他沒有假冒，便是極不容易的事；所以我說應該要做一個好的主顧或消費家。我因此連帶想到女子教育的重要。女子與消費的接觸最多，因爲女子總不能與家庭脫離關係的。要是女子有了教育，便可以隨時限制、隨時鑑別消耗品的好壞，做一個良好的消費家。西洋女子就是大家在那裏注意消費品的監督或限制。最後一層，第五，較爲廣泛，便是應該做個良好的創造者或貢獻者。

我對於做良好公民的意義，舉幾個例，不過要表示說明教育的目的，並不是要造成一班學者或讀書人，只要有了書本子上的學問便可完事。他的眞正目的，是要造成社會的有用分子。所以良好的國民不是單純能讀幾本書，他們一定還能對於社會有所貢獻。倘學校要造成這種良好的國民，可以有三部下手的工夫：（一）使兒童有對於社會盡義務的興趣或心願，不是強迫的，是從感情發生的；（二）知識方面，使他知道社會生活和需要是什麼；（三）單知道他的需要還沒有用，還要訓練出一種本領去適應社會的需要。所以教育者又應該從技能一方面下手。

現在要問：應該用什麼方法可以做到這社會的目的？說起來方面很多，我且舉幾種最重要的：第一，保存過去的成績和經驗，從語言文字下手。兒童學話的時候，已經把許多大人的經驗都灌輸進去了，但範圍很窄；一用文字，那範圍便格外廣了，雖幾千百年的東西，也可藉此保存下去。

用語言文字保存過去的成績——這一層非常重要；但大家都知道，而且都看得太重了，竟當他做學校的唯一目的，所以也不必慎重的提出來。語言文字還有社會的作用一方面，平常往往把他看得很輕，所以不可不提出來請大家注意。因為要是不注意這一層，便是拋却兒童的社會的天資。倘能隨時注意利用他的談話，使他常做演戲等事，或不至專流於沒有用的語言文字的教育。

我看見報載中國的全國教育會議通過用白話做教科書的議案，我非常喜歡。因爲我雖然不大曉得中國的情形，然能用國語做教科書，總算是教育的一大進步。我剛才講過教育並不是要造成許多用不着的專家，所以教育應該格外注意社會方面的用處。有許多人把保存和傳授誤爲抄襲，不知所謂保存、傳授者，其材料雖然不變，其形式却不妨常變。他們因爲把歷史看作循環的，不看作向前進步的，所以有這種錯誤了。我們應該注意的，是要使古代傳下來的死東西活轉來，能在現在的社會裏應用。

耶穌《新約》書裏有個寓言，很可以拿來證明這個道理。有一個主人，把許多錢分給三個僕人，自己出門去了。第一個僕人拿了主人的錢，去做生利的事業，賺了一倍；第二個賺了好幾倍；第三個恐怕錢弄掉了，盡力的把他保存起來，不敢動他。過了幾年，主人回來算帳，知道這事，遂賞了第一、第二兩個人而罰了第三人，因爲他把主人所給他的錢不曾發生一點效果的緣故。古代的學說，也與錢是同樣的道理。倘把他藏起來，不加一些利息上去，仍舊把原物奉還古人，這非但一方面我們自己不能拿來應用，一方面也太對不起古人了。

以上是第一層方法。至於第二層方法，就是選擇社會的那些部分對於兒童有需要。社會各部分並不都是好的，都是有用的。所以全賴有選擇的效用，使現在、過去、將來種種事業都集中於學校，做個兒童的工具。要使他不但保存古代已往的成績，還能於現在及將來的社會有選擇的能力。

社會的改良，全賴學校。因爲學校是造成新社會的，去掉舊弊向新的方面發展的，且含有不曾發現的能力，預備兒童替社會做事的一大工具，許多旁的機關都不及他。例如警察、法律、政治等等，也未始不是改良社會的東西，但他們有他們根本的大阻力，這個阻力，惟有學校能征服他。

有兩個理由可以證明別的機關雖然也是職在改良習慣，而一定不能做到與學校同樣的地步，就是別的機關無論如何有大的能力，他的效果一定不及教育。第一，因爲這種機關都是管理成人的。成人的習慣早已固定了，很不容易使他改變；即使他們受了教育的影響，當時承認改變了，但一到外面惡社會裏頭，他的決心便立刻消滅了。所以第二個理由，便是環境的不良。有這兩個理由，我們費了許多的精神，想去改變成人的性質，實在是一大悲劇。至於學校內的兒童，性質既沒有固定，習慣也未曾養成，倘能施以良好的教育，盡可有任人伸縮的餘地。至於他的環境，雖然也和社會生活一樣，但這學校內的社會生活却與平常外邊的社會生活不同。因他是曾經一度選擇過的，比較的格外精采。這就是別的機關改良社會的能力一定不能及學校的緣故。

環境的關係既如上述，我此刻再講一點習慣關係的重要。譬如烟酒這類東西，習慣了便不容易戒除。又如年長的人學外國文，覺得裏面有許多聲音竟發不出來。這因爲他對於這個聲音從來沒有發過的緣故。兒童便不同了：他的習慣沒有養成，一切思想、行爲、信仰等等，都可以在他惡習慣未曾養成之先，把新的好習慣盡量輸入。要使他的好習慣漸漸養成了，有抵抗壞習慣的能力。

我們可以說兒童或少年的教育，使他養成一種新的習慣，實在是世界將來的極大希望。倘使沒有新習慣的發生，自然灰心厭世，從此沒有改良、糾正的希望了。須知兒童便是代表將來，老年人便是代表過去，過去的成功與失敗，我們都可不必計較，有了兒童，便可重新做過。這就是兒童代表新希望的道理。

古猶太的先知有句格言說：「A little child shall lead them.」[4] 這實

4 小孩子要牽引牠們。出自《聖經．以賽亞書》第十一章第六節：豺狼必與綿羊羔同居，豹子與山羊羔同臥，少壯獅子與牛犢並肥畜同群，小孩子要牽引牠們。

在是兒童代表將來無限成功的預言。法國當世大文豪兼歷史大家Anatole France[5]在一個教育會議的席上演說：「我對於諸君有無窮的希望、無窮的感動，因爲世界將來的希望和成就，都在諸君的手中。大戰以後，無論勝的敗的，國內都經過一大搗亂，將來全在諸君的整理和改造。請諸君放大膽子做去，因爲歐洲倘不願再陷於發狂和野蠻的地位，則必請諸君造出一種新的人類。有人說，人類總是壞的，不會改善的了。這話大錯。要知道人類已經改善不少了。這改善的能力，最大者便是教育。所以教育實在比空氣和飲食還要重大。」

剛才講過第一層保存傳授過去的成績，第二層使兒童養成改良社會的預備。此刻講第三層是擴充推廣兒童的環境。兒童的環境本來是很小的，不過零碎的家庭生活罷了，一到學校，便較家庭擴大了。現在還要使他聯絡起來，養成更大的社會環境。

這第三層最重要，因爲要使他從家庭很小的環境擴充開來，使他從歷史、文學等學科知道不但有我們現在的人，上面還有古人；不但有我們中國，還有不同洲、不同文、不同風俗的外國。其餘科學如化學、物理、天文等等，也都是如此。總之，要使兒童的環境擴充，並有應付環境的技能。所以這擴充兒童更新更大的環境一層，在三層當中最爲重要。

何以在現在的時代這一層尤其重要呢？因爲現在是東西洋文明最接近的時代。我時時注意此點：究竟我們所要接近的交換的還是眞文明呢，還是在戰場上以鎗炮相見的文明呢？我們倘使要接近的交換的是和平的眞文明，那麼做教習的人，應該要有國際文明的互相了解，使兒童有世界的眼光、世界的環境，並使各民族間互相了解的程度逐漸增加，互相衝突的程度逐漸減少。然則此時擴大兒童環境的一層，還不是更加重要嗎？我並不是單說中國的學校應該擴充兒童的環境，使兒童有世界的眼光，就是世界各國也都應該如此。不過中國此時却有特別重要的機會：因爲東方所得的西洋文化，好處不如壞處，益處不如害處，道德、經濟各方面已經起了紛亂的現象。但這萬萬不能再用長城去抵拒他的了。所以現在唯一的救濟方法，便是開着門把西洋文明的精采灌輸進來，使新輸入的眞文明抵抗從前所受的害處及危險，養成一班新的積極的人才。所以擴充兒童環境的一層，在現在的中國自格外重要了。

5 Anatole France（1844-1924）：安那托爾．佛朗士，諾貝爾文學獎得主。

六　學校裡的共同生活

上次所講的三個目的，未免較泛，有目的而沒有方法，也是無用。所以現在我們要提出來的，是怎樣可以做到這理想的目的？——就是：怎樣傳授過去的經驗，怎樣刷洗社會的環境，怎樣擴大兒童社會的觀念。簡言之，就是怎樣使學生成爲社會化，怎樣使兒童變成社會的分子，有社會的興趣。上次已經提起怎樣使學校變成社會化的方法，可以分作三步進行：（一）從感情方面使兒童有社會的興趣及感覺，知道自身以外，還有社會，還有別人。（二）從知識方面，給他社會上必需的知識。（三）養成實行的習慣，使他成爲社會有用的人才。

這還是下手的地方。現在要講的是怎樣可以做到這個地步。我們應先明白的是：學校生活也是社會生活的一種。聚許多家庭境遇不同、門第不同、宗教不同、環境不同的兒童于一處，讀書玩耍，固不必說，還有寄宿舍的，那共同生活的時間尤爲長久。這一層很重要，我們先明白了，然後可以講下手的方法。

我們既然知道學校也是社會生活的一種，便可從此下手：學生中有一種天然組織小團體的趨勢，或是同鄉，或是同省，或是同社會的等級。但他們對於團體內的分子，固甚親近，而對於團體外的，却竭力排斥。遇着公共的事體，屢爲小團體爭權利，有時竟不屑拋棄公共的利益。這種趨勢，非常危險。辦教育的人，倘要把學校的社會生活來做社會化的基礎，那麼先須打破這種有黨見的小團體的趨勢。國家也是如此：一有黨見，便使思想感情不能自由流通。學校內這種排除外人的小團體，很可以爲社會之害，所以非打破不可。

打破小團體的觀念，使社會生活根據於共同的利益。他的方法，如男女同校，西方早已成爲風俗，東方近亦漸漸有人注意。我們若要注意社會的生活，打破隔絕的阻力，男女同校便是一大利器。依我看來，有兩個入手的所在：第一，從幼稚園入手，因爲這時候，兒童還不甚知道男女的分別；第二，從高等以上的學校入手，因爲這時候年齡較大，已有了經驗和自守的能力，他們的目的志趣都定了，不會再有什麼大的變遷。

還有應該注意的，是公立的學校的制度。這種制度能影響於社會生活者極大。從前的教育，都是私有的。例如一家請一個教師，或幾家合請一個教師，再也不會想到教育是社會的事，是國家的事，國家不過每年有幾次考試罷了。近百餘年來，公立學校的制度漸漸發展，各國都有了一大覺悟，知道倘沒有公立的學校，國家萬不能做到統一的地步，所以大家都情願費許多心力、金錢辦公立的學校。於是公立的學校便占了社會上重要的位置。

講到國家公立學校制度的好處，很可以拿美國的成效來做個例。美國東西三千餘英里，南北一千五六百英里，人口都是每年幾十萬的從各地搬來，不但風俗、歷史、習慣不相同，連語言文字也不相同。表面看去似乎不是一個統一的國家，其實不然。這種異言異服的人，過了多少年，把一切起居飲食及種種習慣都改變了，對於國家的統一，依然毫無妨礙。雖然現在手續還沒有完全做到，但已有了共同統一的目的，將來一定能做到的。這完全是公立學校制度的最大功效。因爲他對於無論那一國的人，都讓他們進去，一起讀書，一起玩耍，那國家自然容易統一了。

以上所講第一點，都是從非正式方面入手的方法，如打破小團體，介紹男女同校，注意公立學校的制度，和打破一切階級。第二點是從正式的管理訓練方面入手，就是學校的管理訓練也要使兒童加入，使他對於規則，不僅死守，還要懂得這種規則有什麼意義，使他自己維持秩序，不使規則被少數人把持。這很可以養成眞正守法的國民。

平常學校的管理，有一個大錯處，就是以章程、規則爲超于兒童經驗之上，兒童不配加入，不配與聞。所以這種管理都是由上而下、強迫的、不自由的管理，效果很少。要知道學校的規則，不但維持學校內的秩序，還要養成兒童將來在社會上遵守法律的經驗和習慣；不但守法，還要使他自己立法。這種經驗和習慣的養成，在社會上很有用處的。

現在各處有試驗把學校當作城市的樣子組織的；有許多竟是一個學生的小共和國，裏面也有城市，以及立法、司法、行政的機關。法律由自己制定，自己執行。各種機關都由自己舉出人來組織。這並不是一種玩意兒，實在是要使兒童從半遊戲半正式的地方，造成一個有訓練的國民。譬如選舉，不但是消極方面在學校內用的一點知識，還要積極方面養成將來在社會上選舉的活經驗。

管理訓練，還是政治、法律方面的事。其餘經濟、實業方面，也可以有下手的方法。如房屋的清潔，以及圖書、機器的保存整理或添配，都可以使他們加入，負一種責任，養成將來在社會任事的責任心。再舉一個很具體而有人實行的方法，就是分學生爲若干組，分時分日或分禮拜擔任管理經濟方面的事，如黑板、地板的清潔，材料的分配等。這種事往往有教師自己做的，其實大可不必，因爲學生天然有一種競爭好勝的心，與其讓他用於那些無謂的傾軋，不如利用他使他做公共的事業。這種話似乎太瑣碎，其實這不過是個例，拿來說明教育應使兒童有實際經驗的機會的根本學理。西方有句成語：「一磅的學理，不如一兩的實行。」他的意思，也以爲學理格言，後來都變了一句口頭禪，不如教他們實行的方法。實行一兩，我想自比記得一磅的修身格言好得多。

還有如家具、裝飾品及儀器的添置，標本的採集，都可以讓學生自己來辦。輕便的東西，讓他們製造；貴重的難做的東西，買了讓他們保管；動物、植物、礦物的標本，讓他們自己去採集；經費不夠的時候，也讓他們自己設法，或做戲募捐，或各向自己的親戚朋友募捐。種種買票咧、劇場管理咧，都很可以養成共同生活的習慣，都是極寶貴極有意思的事。此刻不過舉幾件與諸君談談而已。

以上講的第一點從非正式的方面入手，第二點從管理訓練正式的方面入手。現在要講第三點從知識方面輸入社會的知識和經驗。兒童總有一部分很聰明，一部分比較的愚鈍，聰明的往往幫助愚鈍的人作弊。無論如何防止，也是沒有用的。這因爲聰明的總有餘力可以助人，故我們不妨積極的利用他，使他變成助教：下課之後，幫助自修。聰明的因他有喜歡教人的心，自己可以教學相長；愚鈍的人，也可以因此得益；而一班的程度，也可因此互相幫助的精神，漸趨劃一。

最後還有一個意見：上課的時候，往往有一種弊端，就是時間全被教師佔去，不讓學生開口。這于養成社會共同生活的習慣很有妨害。正當的方法，應該先教一個人起來，說明科學的大意，然後讓第二人、第三人互相修正，互相補助。最好除正課以外，不要大家用一樣的書，每人各將自己所學的東西向大家來報告。這事得益最大。教師一人在講臺上獨講，與養成社會共同生活的習慣，大相背馳的。

我向來的講法，總是先泛論學理，然後舉許多例來說明所講的學理。這種例裏面也許有不完全的、不能明白的，究竟重要的還在學理。今天所講的學理，便是學校不但讀書就算了，還要造成社會有用的公民，有共同生活的習慣和能力，有注重公德公益的訓練，知道立法、司法、行政的效用。那麼學校的生活，才是一個活的社會生活；學校內養成的兒童，才是一個懂得社會需要，能加入社會做事的人物。他們組織的社會、國家，才是一個興盛的社會國家。

七 預備將來，是教育的結果而不是目的

我再重提教育的三大部分：一、兒童，即教育的基礎；二、學校和學科，即教育的工具；三、社會，即教育的目的。前兩次已講過教育的社會的目的，上次並特別提出怎樣使學校的組織、管理及生活，可以用來達到教育的社會的目的。

上次講演的大旨，無非說明學校自身的生活，就是社會生活的一部，要使學生將來能過社會的生活，必須先將學校變成社會。學校的最大壞處，就是先為學生懸一個很遠的目的，以為現在所學，都為預備將來入社會之用，現在雖與生活沒有關係，將來總有一天用得的。於是所學與所用，完全不能聯貫。不知學校的生活必須處處與社會的生活有關，使學生對於學校的生活能生出濃厚的趣味。

學生的教育，倘專事討論預備很遠的將來生活，而不注意於眼前的現在生活，其弊約有下列幾端：

第一，**耽誤學生的光陰**。學生知所學的東西用處很遠，與現在沒有關係，於是且把這些東西擱下，先做那些與現在生活有關的遊戲、玩耍去了，因爲他們的目光很近，只知道趣味都在目前，自然把幾十年後比較的不很親切的事擠出去了，擱下去了。

第二，**減少學生對於現在生活的趣味**，不注意於現在而希望將來。這是一件很大的危險。有幾派宗教和哲學，也有這種弊端，往往懸一個很遠的將來的目的，如天國、淨土、極樂世界等等，而對於現在的生活，却很不注意。信仰的人，漸漸養成一種壞的心理。其結果于世界文化的進步大受影響。

宗教和哲學的出世主義，希望將來而不注重現世，比較的還有理由。因爲他們都是成人，對於現世，都已嘗過滋味，或有失意的經驗，所以假設將來，實爲解脫現在。但在教育，可謂毫無理由。兒童對於現在的生活，興趣正濃正厚，而教育者偏要用這種預懸將來目的的教育方法，實在是一件最不合自然、最反乎常理的事。觀于督察學生成績的方法可以知之。考試咧、賞罰咧，想盡種種方法督促他們用功。因爲所懸目的在於將來，自然不得不如此。

在教育史上，無論那一國，總有一個時代用極殘酷、不人道的方法對待學生的。凡是大人對於兒童，本來一定很愛惜的，何以竟如此殘忍呢？這不是很奇怪的事嗎？我想沒有旁的解說，只有一種，就是兒童的眼光看不見將來的目的，對於所學不發生一點興趣。因此大人若要兒童求學，不得不用種種刑罰去迫脅他們。

後來人類的良心稍爲發現，覺得對於兒童施用體罰，究竟有點不忍。於是另換一個較近人道的方法，就是用獎賞去欺騙他們：考得好的給他一點信紙或一盒糖。這眞是叫小孩吃苦藥加一點糖的辦法！這種辦法雖然比體罰較爲文明，但是兒童對於將來的目的依然毫無興趣——不過本來用刑罰的，現在改用賄賂罷了。

第三，**使我們評判兒童的成績沒有自然的標準**。教育所懸的目的既然很遠，與現在沒有關係，我們自不能拿他來做評判兒童成績的標準。於是對於兒童成績的進步與否，不得不用考試記分的制度來定。

這不是評判兒童成績的眞方法。若眞要評判兒童的成績，那麼應該看他們今天比昨天長進了多少，從前的缺點現在補正了沒有，從前未發展的能力和興趣現在發展了沒有。總而言之，現在比從前是否進步。這才是評判兒童成績的眞問題。

以上所講的話，並不是說教育不應該預備將來，不過說預備的方法不是如此。預備將來，應該是教育的結果，不是教育的目的。倘能把現在的生活看作重要，使兒童養成種種興趣，後來一步一步的過去，自然就是預備將來。倘先懸一個很遠的目的，與現在的生活截然沒有關係，這種預備將來，結果一定反而不能預備將來。

講到此處，實已牽涉了哲學上很重要的問題：就是人生的眞意義究竟是什麼，應該還是爲將來呢？還是使現在的生活格外增加，格外濃厚呢？已經不單是兒童的問題了。

我們倘若相信人生的眞意義，應該使現在的生活格外增加，格外濃厚，那麼教育的目的應該增加兒童更多的能力，更多的興趣，每天所受的教育應該一天增加一天，教育便是現在的長進，不是將來的長進。因爲倘若不是現在的長進，便是不長進。

斯賓塞爾做教育論文，提出教育的目的是預備將來的生活，可以算教育界一大進步。因爲從前的教育與生活完全沒有關係。但是這話千萬不要誤解。要知所謂預備將來的生活，並不是很遠的生活，是一步一步過去的生活。步步都是生活，便是步步都是預備。

以上是個引論，引起今天要講的本題：就是教育三大部分中學科的一部分，究竟以那一種最爲適用，可以做到教育的社會生活的目的。倒過來說，就是現在所有的地理、歷史讀本寫字等學科，究竟與兒童及社會有什麼關係；要教這種學科，究竟有什麼理由。

用那一種學科，怎麼樣的教法，才能做到教育的目的？學校的生活是社會的生活，故有社會生活的作用。怎樣可以使學生有社會生活的知識、經驗和能力？這是一個大問題。

因爲問題太重大了，所以不能一個人解決；即使一個人能夠解決的，也不能在講演的時間解決。其法只有各人隨時隨地去試驗，那一種應用，那一種不應用，或應添置，或應廢除，才可以解決這個問題。但不是亂七八糟的可以解決，也要有學理做個指揮，做個根基，做個假設，然後用試驗的結果來證明這學理是否沒有錯誤。

我雖然再三引申，怎樣使學科能與兒童現在的社會生活聯在一起，但所談的還是大旨，其具體的方法，仍在各人自己隨時隨地去留意，但我可以舉出兩個應該防備之點：

第一，**不要把遺傳下來的習慣、古訓、舊法來做標準**。不論本國、外國，凡是遺留的東西，總未必能適用。

第二，**應打破讀書人和學者的觀念**。從前的學問是爲個人做裝飾品，不爲社會的生活，不過少數人拿了做擺架子張門面的東西罷了。這種觀念，應該打破。

我們如拿無論那一國的課程表來看，問他們爲什麼你們要教這種學科，他們一定回答不出，大概總是說這是受遺傳的影響罷了。一個英國的學者曾經發過一個疑問，說：「學科當中爲什麼要這樣注重文學而不注重科學呢？」他的答案是：「這是二千年前希臘的遺風，要解答這個問題，非回到二千年前的希臘不可。」

再舉一個例，如德國當初教育大改良的時候，各國因看了他的興盛，大家都依樣傳抄，不知他的改良是針對當時的時世的，一經別國的傳抄，便變爲無意識的了。要知應付需要，一定要自己隨時隨地試驗出來的，抄襲他國幾十年前的成法，那裏能行呢。

不但盲從古訓和成法的觀念應該打破，還要應該打破教育爲少數人裝飾品、奢侈品的觀念，就是教育的貴族觀念。有這種觀念的人，以爲學了可以比平常人高出一等。其實這種學問只能供少數人的特別研究，與普通大多數的人生日用毫無密切關係。

一部分的人，學了這種文學、文法、文理，漸漸成爲掛了某種學問招牌的學者。他們以爲學問便是那些學科，不是那些學科便不成其爲學問。於是教育遂被這些人壟斷，被這些人永久專利。

他們又以爲倘把平常人生日用的事包含在學問之內，豈不是把學問的程度降低了嗎？學問的資格失去了嗎？

他們不願意把人人懂得的東西來做教育的內容，使學問的程度、資格因此墮落。於是不知不覺的養成了一種保存舊教育制度的心理。教育便永遠成了一種少數貴族擺架子、張門面的招牌！

我們不但應該把政治上、經濟上的貴族制度打破，尤應該把知識、思想上的貴族制度一起打破。

再加上一點普通的意見。從前學問範圍很小，材料有限，所以各國都想不約而同的注重文學、文法、文理等學科。現在這種只有幾種學科供我們選擇的時代已經過去了！

現在的時代是學問知識一日千里進步的時代。現在人類一年中所發明的新學科、新知識，比三百年前全世界人類幾千萬年積下來的科學和知識還要多！

從前的弊病，在於供我們選擇的學科太少，現在却患在太多了。因爲太多，不容易辨別那一種應教，那一種不應教，所以尤須有一種理論學說來做個標準或指揮。否則妄想樣樣都要知道，結果一樣都不能知道。

現在教育界的最大壞處，就是見有一種新的學科，便以爲非添加不足以趨時尚。這實在是很蠢的妄想。結果只成一種很膚淺的皮毛學問。一方養成趾高氣揚、自炫博學的貴族習慣，一方對於眞正的學問仍是不能懂得清楚。

但是這種知識增加、學問發明的現狀，對於教育界有兩種大的貢獻：第一，打破從前選擇學科的孤陋；第二，擴大從前對於學科偏重文藝的範圍。

下一次再講在這學科繁多的時代，怎樣可以選擇使與兒童的生活聯絡有關係的學科。再加一點，教育應該打破看不起兒童切身環境的觀念。兒童的切身環境非但不應看輕，還應利用他種種需要、興趣和材料，來做下手的方法。

從前看輕兒童的鄉土環境，其習慣的造成，大約有兩個理由：

第一，因爲預懸很遠的將來的目的，不但時間在多少年以後，即空間也在多少里以外，不在兒童切身的鄉土。

第二，誤在一種全國一致的迷信，所以不能把鄉土的東西拿來做教育的材料。

八　科學進步對教育的影響

上次講演學校的學科與社會生活的關係，及怎樣使學科容易達到社會生活的目的。今天仍把這個題目繼續下去。

但今天先不列舉種種歷史、地理等學科，而講一段緒論。近世知識界、思想界的變遷，使學科不能不受影響。所以今天要講的是近幾百年的事，科學發達以後，教育上所受的大影響。

今天所講，略爲偏向理論一面，雖似太覺高遠，與學科無甚關係，然我們所講的是教育的哲學，既講哲學，自不能不把教育的範圍稍加擴大，使諸君知道歷史的背景。那時代的一切社會生活、社會組織，都影響於教育，使他不得不變遷。

科學方法的進步和應用的發展，對於社會上、思想上、人生觀上，都有極大的影響。今把他舉在下面。

第一，科學進步發展的影響，不在科學自身分量的增加，以新的代替舊的，以正確、近於事實的代替不正確、不近於事實的。因爲此種分量的增加，性質的改變，尚不足以發生知識、思想界的革命。

須知分量的增加，性質的正確，還是一種結果，其所以能夠增加，能夠正確，在乎「方法」的變換。從前用舊的不正確的方法做學問，不能發生新的知識。科學發展以後，思想的方法根本改變。此種新方法，可以應用於無論那一種學科，影響自然大了。此點最爲重要。

簡單說，科學的方法，便是歸納的方法，一切都從事實下手，從試驗下手。思想界因此起了很大的影響，故可稱之爲思想界的大革命[6]。

此種革命，起來並不很久，大約不過三百年。十六世紀初年，歐洲思想界的信仰和普通觀念，與千餘年前無大差異，除中古、近世略爲加上一點新知識以外，其根本上的沒有條理，沒有系統，依然毫無變遷。迨至十六世紀

6 Intellectual Revolution：即知識革命。

及十七世紀之間，進步的革新家始把從前的舊方法統統改了，因此一切工業、政治、社會、宗教、道德，都起了很大的變遷。

以上是第一點，因方法的改換引起知識、思想界的革命。

第二，科學發展進步的影響，除改換方法以外，還給我們兩種重要的觀念，使我們的人生觀都改變了。

（一）**自然法**（Law of Nature）的觀念。科學進步以後，知道自然界雖然無論如何紛亂，却有一定的規律、條理和次序。故看一切天行，都當他爲有常度的變化，由此發生天然界齊一的觀念，在人生觀上發生極大的影響。

（二）**能力**（Energy）的觀念。古代的人，都注意於靜的方面，如研究宇宙萬物的本質是什麼。近世科學發展以後，知道萬物除靜的本質以外，還有動的能力。譬如光、熱、電，都是動的能力的變態。這種觀念，與古代大不相同，在人生觀上也發生極大的影響。

此種觀念的重要點，就是注重動而不注重靜。最初還不過光、熱、電的一部，後來並推到生物的變遷。所以他不但造出新的天文學、物理學、化學，簡直造成新的生物學，以及人類學、人種學、社會學。這都是因爲知道天然界不是靜的而是動的所起的影響。

這些新思想的發展，打破古代信仰成說的迷信。古代根本觀念的謬誤，在乎迷信某種一定不變的通則。人事方面的宗教以及一切制度，也是永遠遵守成法，不稍變遷，結果養成少數聖人、賢人的威權，迫壓大多數人不得不如此做去。新思想發展以後，知道社會、人生也是活動的，而且看出變遷當中的因果關係，遂把從前的信仰成說和服從少數聖賢的天經地義的觀念，一律打破。

古代的天經地義，在西洋完全是少數人掌管的，中古的教會，便是掌管這些天經地義的機關。從新思想發生以後，首先打破天經地義的觀念，事事都要自己來試驗歸納，把少數人的專利權一起推翻。那少數人的方面，也出來反抗，於是引起思想界的大革命。歐洲當時思想界新舊的對抗簡直是兩大敵營，起了大而且久的戰爭。最重要者是在生物變化的觀念——生物漸漸從下等，因環境的適宜，變至高等——打破古代一定不變的成義。因爲要推翻幾千年根深蒂固的信仰態度，影響太重大了，所以五、六十年前的反對非常劇烈，反對的人也很多。

講到此處，略爲停頓，講一段歐洲知識、思想界的小史，雖似與教育無關，但歐洲與中國有根本不同的歷史背景，一經講明，自然容易明白，所以不得不講。歐洲的文化，起源於希臘，希臘對於自然很有研究，關於天文、地理、生物等科學，積聚的知識很多，收集的材料也不少。傳至羅馬，基督教變爲共同宗教的時候，把希臘傳下來的科學作爲他們的學問的一部分，與宗教及社會生活都聯在一起。到了新科學發生以後，因爲舊科學與人生日用早已有密切關係，所以牽動科學，便把社會全身都牽動了。這是歐洲文化史上與中國不同的一個地方。

不但如此，歐洲古代的科學思想不但與宗教及社會生活有關，而宗教復與政治有關。中古政教不分，國家與教會是二而實一。思想基礎也是根於舊國家的流傳。所以新科學發生，連帶打破舊國家和舊政治的觀念。懂得這層以後，科學與舊思想爲什麼開三百年的大戰爭，便可明瞭了。

東方與西方文化史上不同的地方，即在於此。西方的自然科學來自希臘，積聚很多，因基督教的關係，與中古的社會、政治、宗教都相聯貫。東方則不然。我雖不甚懂得中國的文化史，但知道中國古代的學問多偏向于人生哲學一方面，對於生物、天然、地體等自然科學不甚注意，所以科學程度較淺，還夠不上與政治、宗教、社會、人生發生聯貫的關係。所以新思想輸入，不大遭人的反對。在西方可以開幾百年戰爭者，到了中國，社會上竟不當他是革命。

這個區別很重要。東方人不要以爲不受抵抗似乎占了便宜，其實大吃虧了。歐洲人因爲與人生日用有密切關係，所以起來反對，大家互相辯駁，知道他的根本在什麼地方，應用在什麼地方，把新觀念都澈底的研究出來了。在東方因爲與人生日用無密切關係，所以沒有人抵抗，新思想的輸入不過添了幾個名詞，於他的眞意義依舊不能懂得，結果對於人生日用不發生一點影響。須知不留心，不注意，決不能使科學進步。反對是最好的事體，是進步的表示。越加反對，思想便越加進步。倘大家對他沒有興趣，于人生不受影響，則科學的進步也遲緩了，範圍也不能擴大了。

歐洲思想史上的特長，在乎爭自由。一切思想、言論、研究、着作、出版、信仰等自由爭得以後，才可以有科學的研究。研究然後可以有進化。這是與人生很有關係的事，所以不能不爭。東方對於自由，比較看得不重要。這話初聽似乎很泛，其實中國的確尙不希望知道科學的眞意義是什麼。初時以爲科學只在技術方面，不過電機、汽機、開礦、造路等方法而已。前幾年看見清華派送留美的學生，百分之八十須學機械、工程等科，只有百分之二十可以學旁的科目。這也可以看出中國對於西洋文化的態度了。這種技術方面的學科固然重要，但尤其重要的，在乎受新科學精神的影響，造出新的人生觀。

以上第一、第二兩點都講完了，我們再講第三點。

第三，科學發展進步的影響，發明「力」的觀念，知道把天然的能力征服下去，為人生效力。舉一個例。人類幾千萬年前已知道這桌子燒了以後可以發生火的，但新科學的解說，謂桌子不是死的，是無數小單位在那裏動，燒了以後，把這種動的力變作熱的力了。這是新科學對於一種力可以變為旁的力的解說。

類推開去，水也不是死的，熱了變為蒸汽，把他關起來，可以做得許多的大事業。動的汽船、汽車，可以縮小世界；靜的工廠、機器，可以使實業界起大革命。這都可以代表人工征服天然能力的地方。

後來漸漸從蒸汽機的力變為電機的力。電機發明以後，又起了許多影響——電報、電話、電燈都可利用。這都是人工征服天然能力的地方。

這些蒸汽、電氣的大發明不是偶然的，也不是從玩意兒中得來的，是從辛苦中研究得來的，政府忌他，還要研究，宗教忌他，也要研究。所以代表他們的並不是這許多的機器，而是對於知識的態度和精神。

此種蒸汽、電氣的大發明，在物質方面，爲工商業、交通事業等，固然得到極大的利益。或者以爲在歐美的社會上，因此起了不安寧的狀況，許多人對於社會都大不滿足，這是不好的地方。但這也未必然。從好的方面看，因科學進步的結果，知道利益應該大家普及，不應該讓少數人獨佔，也是好的。

征服天然的能力，所以謀大多數人的幸福，不應該少數人獨佔，結果發起許多慈善事業，如防疫醫院、公共衛生等，于社會、人生都有影響。近五十年來，英、美人生壽命的統計，平均可以比較以前增加十歲，這也是科學大發明以後的影響。

最後講到科學的進步對於政治上的影響。如美國這麼大的國家，本來一定不能行共和政體。古代有大國不宜於共和之說，也因爲大國的各部分交換意見有種種不方便之處。現在既有電報、電話、報紙往來傳達消息，所以這麼大的共和國也一點不覺困難的過去。這是科學進步以後對於政治上的影響。

古代所以有大國不宜於共和之說，因爲小國寡民彼此容易交換意見。現在大國所以能共和，就因爲能征服這層困難。意見交換，有電話、電報；貨物交換，有輪船、火車。交通便利以後，連風俗習慣也一起打破。所以有了物質的基礎，然後大共和國可以毫無困難。

如果學校新教育要適宜於現社會，那麼教育者應該知道科學進步的眞意義是什麼，思想方法的變遷和新方法的建設是怎樣，對於社會、人生、政治、宗教的影響是怎樣，然後教育不至於變爲機械的、模仿的教育。

九 科學和道德生活的關係

上次講演近幾百年科學的大進步在思想上起了很大的影響，不但方法的改換，而尤於科學界發生新的觀念。這種方法和觀念在教育上，不但內容，即教授的方法，也發生影響。

在教材方面，科學進步的影響，大概減少從前偏重文科方面的語言、文字等學科，而加上些注意實證的（Positive）學科。

在教授方法方面，科學進步的影響，則把從前武斷的方法，如依據古說、遺訓、聖經、賢傳以及強使學生記誦等等，都減少了，而加上些使學生直接去觀察、去實驗的方法。

現在為方便起見，可把科學進步的影響分為兩大種：（一）科學進步對於物質上的效果；（二）對於道德上的效果。平常起居、飲食、交通的方便，使我們的幸福增加，這是物質方面的。至於發生新的希望，新的信仰，擴大道德的範圍，則是科學進步對於道德方面的影響了。

科學進步的影響如此其大，我們可以說東方文化、西方文化的區別，即在於此。西方科學的進步比東方佔先二、三百年，所以不但物質方面受科學進步的影響，而因科學的觀點，在道德方面所受的影響尤大。

我從前說過幾次，今天可以再連帶說一說，就是西洋科學發展以後，在物質方面所受的壞影響較東方為少。因為他們能把物質的變遷與科學態度的變遷同時並進，在思想、精神方面可以有此一層保障，所以雖然也受點科學文明的壞處，而能同時受其好處。東方則只用人家的結果，對於科學態度不稍變更，故不能得他們抵抗壞影響的一層保障，結果非常危險。

因為有此危險，所以今天要講的就是注重科學進步在道德上發生的影響。我們單得了物質文明，而不能得物質文明底下的態度和精神，鐵路、電報、電話、汽車都有了，而不知道此種文明在思想上發生的新觀念、新道德，結果一定物質與精神分為兩極。物質方面新了，而道德方面還是舊的。日本就是如此。兵也，商也，交通事業也，都無不新了，而舊觀念、舊道德、舊習慣，終於不能打破。結果新文明與舊文明的壞處都受着了，而好處都不能受着。所以今天我要講的是科學進步在道德上的影響，要使物質文明與道德思想同時並進，不僅受他的壞處而還能受他的好處。

我到中國以後，常常有人問我：怎樣可以輸入西方的物質文明，使生計發展，交通方便，而同時能免除物質文明的流弊？西方物質文明的流弊固然不能說沒有，如個人方面的愛財和殘忍，社會方面的資本家與勞動界的競爭，種種罷工、罷市的風潮，都是有的。但我總想把他的好的方面盡力解說，做個抵抗壞影響的保障。雖然不過是一種解說，而所解說的，在西方也未完全做到，但也未嘗不可因此減少物質文明的壞處。

科學進步在道德方面發生兩大影響：

第一，發生新的希望，新的勇敢。

一個國家或民族老了以後，與一個人一樣，膽也小了，志氣也畏縮了，往昔少年的精神，也變爲委靡不振了。故須時時提起他的希望和勇敢，使老的國家變爲少年的國家。

這種新的希望和新的勇敢從什麼地方來呢?就在對於人的智慧有一種新的信仰。我們現在受了科學的影響,知道人的智慧可以打破從前的一切愚昧、錯誤和紊亂,故對於人生起了一種新的態度。愚昧、錯誤、紊亂,都不怕他,我們都可以用智慧去打破他。

古代科學沒有進步的時候,人類對於天然現象大概不過兩種見解。初看去,覺得一切變遷都是紊亂無序。再看去,覺得日月運行,寒來暑往,都有一定,但不是人力所能管轄,都歸於不可知的天命。這兩種見解在人類社會所起的影響,就是以天然現象爲非人力所能懂得,即能懂得,也有定數,非人力所能管轄,起一種悲觀失望的態度,對於天然現象,只能放任,不要研究。

這種壞影響,可以說有下列三種。

第一,**是看不起天然科學的對象**。人類對於希望不到的東西,總看不起他,只當他是不好的。西洋有個很普通的寓言,狐狸見了葡萄,要去摘他,摘他不到,說葡萄是酸的,不要摘了。人類何嘗本來不要拿天然界的東西來替他效力,拿天空的電來拉車,來點燈,誰不喜歡?無奈拿他不到,不能懂得他，只得說這是不值得懂得、不值得管理罷了。

第二，**是悲觀與命定主義**（Fatalism）。他們以爲凡事都有定數，人工不能爲力，因此厭世——對於世界只取被動的態度。放任達觀等壞觀念，都是從此而起。有了科學方法，便覺得人類有一種新的希望。人的能力可以知道天然界種種微妙而征服他。於是自被動的變爲主動的，自悲觀變爲樂觀，自命定的觀念變爲人定勝天、征服天行的觀念。

第三，**是個人沒有方法找眞理，只能大家服從古訓、舊說、遺風**。他們以爲古人不會錯的，古聖人尤其不會錯，大家非服從他不可。因爲沒有能力沒有方法自己去找眞理，所以只得如此。

以上是科學不進步的三大壞影響：（一）看不起天然現象，以爲不值得研究；（二）悲觀與命定主義；（三）自己沒有能力沒有方法發現眞理，只能服從現成的古訓、舊說、遺風。有了科學的方法，把這三種都可一一打破：（一）對於天然現象，知道很值得研究；（二）征服天行，爲人類造幸福；（三）自己有創造、發明、發現的宏願。

我想解說何以科學進步可以打破從前的迷信。大概從前以爲每樣東西都有一個「性」，於是萬物就有無量數的微細分子。而且無形中有幾個大的東西，如上帝、鬼神、天命等等，在那裏從中播弄，爲人力所不能懂得。古代有了這兩種見解，就以自然界爲無量數的小分子而受幾個不可思議的大「力」所支配，故對於他，雖想下手，也無從下手。科學之所以能糾正他，就在能夠懂得萬物並不是有無量數的性，不過很簡單的幾十種原素[7]，也並不是有幾個不可思議的東西在那裏作怪，不過科學上的幾條定律。於是對於自然界能糾正從前的誤謬，而有下手研究的把握了。

譬如近世的化學，說萬物不是無量數的性，只是六七十種原素，這不是已經很簡單了嗎？而且每一種元素都有一定變化的規則，某種與某種可合，某種與某種不可合，於是更加簡單了。基本的原素既簡單，變化復有定律，自有法子可以研究了。

以這種原素和定律做基礎，倘於發現問題的時候不能解說，便增進我們研究的興趣，鼓勵我們解決的勇氣，却不會因此失望。所以消極的變爲積極的，能獨立創造找出自然界種種神秘來了。

總之，科學的進步在道德上的大變遷，就是對於天然界的種種困難不致失望，却要找出理由和原因設法去糾正他，打消從前消極的態度，而相信人的智慧可以研究解決種種困難。古代對於因果，看得很嚴，以為彷彿像大輪盤一般的在那裏轉，運氣好的，可以偶然僥倖逃出輪盤以外。現在懂得他的道理了，就可以設法糾正，用人力來造他的因。

以上是科學進步對於道德上的第一大影響，就是發生新的希望，新的勇敢。

第二，發生新的「誠實」。

我並不是說誠實是科學的結果，大家都知道古人看得誠實也是很重的。不過誠實的地位很不容易做到，總要有了眞話，然後可以說眞話——有許多看去雖似眞話，實在是假話，科學就是先使我們知道眞話，然後再來說眞話。

古代科學沒有進步的時代，天然界紊亂無序，眞理很不容易找到；即使知道一點眞理，於紊亂的當中也無法說眞話。所以雖然人人都想說眞話，而這思想每每抵不過四周種種不讓他說眞話的勢力。

7 原素：即元素。

天然界種種事實既然沒有條理，不易懂得，人類要想說眞話的一番好心，於是在這個紊亂當中，爲種種私見、成見、黨見，以及不願開罪聖賢、公論、長上等外來勢力，打消得乾乾淨淨了。

人類有一種很普通的見解，以爲人類社會目前的安寧幸福，比天然界的事實眞理更加重要。所以寧願犧牲眞理，來遷就社會暫時的安寧，不願意開罪別人，擾亂社會的秩序。於是遇事都彌縫過去算了。詎知這樣保全社會秩序，將來最後算起總帳來，格外加重，擾亂也格外利害。故犧牲眞理而遷就現狀者，將來必加利還本。

科學進步以後，使我們有新的誠實，有研究事實的方法和信仰，知道人的智慧有找出眞理、解決天然界事實種種困難的能力，對於事實，只是老實說出，這麼樣就是這麼樣，然後去找出眞理，去想解決、糾正的方法，不是彌縫過去就算了。對於一切社會問題、家庭問題，都是如此。所以說老實話並不重在說，重在找出什麼東西才是老實話。

科學進步，還要使我們知道社會、人生必需的條件，否則社會上種種不好的制度不能發現。我們有了方法，才可以找出他的原因，用方法去補救他。

所以科學不贊成秘密，贊成公開，主張調查、考察、研究和討論，使從前想說老實話而仍不能說老實話的舊習慣一概打破。

希臘柏拉圖說：「實在」（Being）應放在「現象」（Seeming）之先，[8]比現象尤爲重要。這話不但在玄學上有價值，在道德上也有價值。因爲現象者，看去雖是什麼，而實在不是什麼。社會上的事實，也都是現象，很不容易找到眞理，因爲眞理在社會、人生有許多的仇敵。

這種仇敵，一言以蔽之，即成見而已。或爲個人的利害，或爲一家一派的利害，有了先入之見；或自己不說，或限制別人不許說，或因愛情的關係，或因禮貌的關係，都可以使人不說老實話，把眞相放到現象的底下去，而提高看去是什麼其實不是什麼的現象的一部分。

並不是說人類有意作僞，去做眞理的仇敵，但不必有意，只要無意中感情衝動，怕得罪了人，該說老實話的地方也敷衍過去了事，便不知不覺中做了眞理的仇敵。科學進步以後，態度一變，不但知道眞理的重要，並且知道

8 Being 現也有譯爲「存有」；Seeming 現也有譯爲「表象」。

求得眞理的方法和態度。這個影響，就是對於社會上種種事實，處處用這種方法和態度去對待他。所以說科學的影響能發生一種新的誠實的態度。

以後再講此種觀念在教育上的應用，現在先簡單說幾句，不提應用一層。科學進步不但在教育方面得到許多新奇的知識，重要的還在態度和精神。打破從前的悲觀、被動、奴守古訓，以及不肯說老實話、不肯以事實當事實的態度，而代以新的希望勇敢和新的誠實，以人力找出眞理，找出原因，去補救他，糾正他。

十 科學方法的重要

上二次講演科學發展以後在知識上及社會上的影響。前二次是普通的影響，上次是道德方面的兩種影響。

今天所講，純粹是科學發展以後在知識、思想界的影響。我們先問知識方面的科學方法是什麼？自然不消說得，求學便是知識的一部分，知識得到以後，一方再去教人。故知識界的變遷，當然在求學及教授的兩種方法上發生大影響。

此刻第一點要講的，科學並不是書本子上積聚的知識。化學、物理、天文等等，都不是科學的本身，只是科學的結果。眞的科學的所以重要，不在他的結果，而在他的方法。——就是重要在這些積聚的知識是怎樣來的。若單知道這樣、那樣的科學，而不知道科學的方法，算不得知道科學。

假如世界上發現一種很怪的變遷，把人類求知識及用知識的方法統統毀了，只剩一堆的所謂科學，那時一定不能說是有科學，只可說有一堆很怪的死知識。因爲科學的所以重要，在乎求知識的方法及根據已知的推求未知的更深的方法。這才是科學的本身。倘只是一堆的知識，那裏可稱爲科學，不過外面的結果罷了。

這話初聽似乎很怪，但是仔細一想，何以學校有了科學很久而所發生的結果很少，博物、化學、物理都教了，只是沒有結果。這因爲所教的科學都是人家已發生的結果，而不能使學生有發現眞理的方法。學生所得，只是一堆古董，而不是研究、發明、管理、指揮天然界的能力。

今天所講，並不是這種那種科學的怎樣教法，因爲這太瑣碎了。要講的不過是科學方法是什麼，從這方法，教者應起什麼覺悟。有了這方法，無論那一種科學都可應用，並不限於教這種那種科學。

科學的方法是什麼呢？簡單說，科學的方法便是試驗的方法。這方法的大意，簡單說，便是用人的動作（action）將一方的心的作用和別一方的天然界的事實連起來。

譬如有一種金類，不知道他是什麼，舊方法不過看他什麼顏色，什麼光，多少重。然這種方法都不夠用。科學的方法，則用人的動作加點酸下去，看他起什麼反應；另加點別的酸下去，又起什麼反應。加酸不夠，則用熱，燒到多少熱，變什麼樣子。這都是用人的動作引起他的變遷，將他的性質和用處全明白了。故曰：科學的方法，是人的動作連起心的作用和天然界的事實，有創造的關係。

這個話詳細說，就是動手時先有一種計畫：用什麼下去，應該起什麼現象，所以是心的作用。加下去以後，看他是否起什麼現象，與我的計畫對不對，不對再用別的方法試驗，使他發現新的事實。由新的事實再發現新的觀念，所以是有意識的。

我聞中國古代有「知之非艱，行之維艱」的話。試驗的方法，却與之相反。這是只有行然後可以知，沒有動作便沒有眞的知識。有了動作，然後可以發現新的光明，有條理的事實，以及從前未發揮的知識。故曰：沒有行，決不能有眞的知。

把科學與非科學一比較，便明白了。有許多知識不能稱科學，就因爲他沒有條理、次序。科學的所以不同，就是因爲有條理、次序。故科學的知識是有組織的知識。他所以有組織，因爲有人的動作加進去，把他安排得將條理、次序明顯出來。

沒有組織，只有一堆的知識，固然不是科學。而有許多舊的學者以爲眞理不自外而自內，於是閉目冥想出有條理、次序的眞理來。這種眞理雖然可算是理想中的寶塔、宮殿，但能與天然界的事實相符與否，實在沒有保證。故但有理想，也不是科學。必須事實與理想連起來，生出有益的關係，才是眞的科學。

現在可把試驗（Experiment）與經驗（Experience）來比較。後者是被動的居多，他的次序，只是依照來的先後，沒有有意的支配，前者則不然，是有意的居多，是有目的支配經驗，指揮經驗。

從來對於經驗，大約只有三種方法。

第一，**是瞎碰**。這是盲目的嘗試，沒有遠見，很費功夫，偶然也許碰到很好很精的方法，但總是碰不着的居多。

第二，**是畏縮**。這是少去做事，少去嘗試，總之不敢去經驗。

第三，**是試驗**。這不如第一種的盲目嘗試，而却以意識做嚮導；也不如第二種的少去做事，而却很肯做事，不過不肯亂做，只是有意識的試驗。

一個化學家做試驗，一定不是沒有計畫的去瞎碰，而是有意識、有目的的。照預定的計畫，應該起什麼作用，倘不起什麼作用，便把他放在旁的東西裏面，看他的計畫能否實現，雖然向着將來，而以觀察現在事實爲根據。故試驗的方法只是兩層：第一，是有計畫；第二，是根據現在事實。不是瞎碰，也不是畏縮，而且與這兩種恰恰相反。

這種瞎碰的試驗方法，也可算是一種試驗。但所以不算他是科學的方法，因爲他沒有預算，定要等到困難發現，始能轉彎。科學的方法，就是在乎預算，一步一步的把將來的作用先布置周妥，有知識上的組織。這是科學方法傳播後養成的態度。

講到這裏，我們要提出試驗方法的重要分子，便是「假設」(Hypothesis)。這不是空守，也不是武斷，只是提出假設來做試驗的指揮。

這個觀念很重要，因爲科學的試驗不是武斷的、一定不變的，只是暫時認他爲有試驗的價值。故試驗的都是假設的性質，假設他應該起什麼作用，起了是對的，不起是不對的。沒有一定不變的眞理，只有有試驗價值的假設。故一個觀念全靠自己當他假設，有待證明，就是看他是否能起應起的作用，還應該有待人家的改變他。

譬如有一個新的很重要的主張，依天性習慣，只有兩種態度：（一）對的，承認他；（二）不對的，否認他。自從科學的試驗態度發明以後，發生新的第三種態度，就是對於一種主張，以爲也許眞的，也許假的，只認他爲一種假設，認他爲有試驗的價值，可以做動作的根據。至於他是否值得認爲眞或假，都以試驗的結果來定。

古來有兩種思想的態度：

（一）**武斷的**（Dogmatic）

（二）**懷疑的**（Sceptic）

武斷派不用試驗，只是憑理性以定是非。懷疑派以爲樣樣沒有眞理，只是放任，隨遇而安。

這兩種雖然都不能使人滿意，然都有他的好處。武斷派認定一個觀念，望前做去。懷疑派不承認絕對的眞理，這是他們的好處。但他們都沒有建設。試驗的方法，在有武斷派的積極兼有懷疑派的研究態度，有兩派之長，而沒有兩派之短。

試驗方法的長處，尤在能眞的守舊，眞的求新。新的、舊的，都不是一概推翻，然也都不認爲最後的眞理，只是以試驗的態度做存在的理由。所以他是眞守舊的，也是眞求新的。

試驗的方法是進步的方法，非但不反對變遷，而且注重變遷。事物不是一定不變的，都以境地不同而變遷。試驗方法，最重要在新分子的隨時加入，影響于進步的境地，爲有計畫有把握的冒險。新分子加入以後，也以試驗的結果來定價值。

所以試驗方法進步以後，繼續發現許許多多的新發明。各種機器等等工業上應用的器械，愈弄愈多。因爲他無形中有個進步的觀念已經成爲定理，故不把古代當作黃金時代。他只是一往直前，因新分子的加入隨時變遷，而把黃金時代放在將來。這也是科學的方法的影響。

古代希臘，雖然哲學、文學思想很發達，但其哲學沒有進化的觀念。無論他講到怎樣高深，怎樣難懂，總不過古代如何好，現代如何墮落，或不過另提一個理想的時代；絕沒有人類向前進化的觀念。自從歐洲科學方法進步以後，一天一天的漸有向最好方面前進的觀念。這是科學方法以試驗結果定價值的結果。

試驗的方法固然是進步的向前的方法，但也是守舊的。因爲他對於往昔的事實只要經得起試驗，都認爲有保存的價值。他的往前，以已得的事實爲根基，而對於過去不存一起推翻的觀念。譬如簸穀，輕的都向上被風吹飛了，重的穀的本身依舊存在。試驗的方法對於過去的事實存保存的觀念，凡是經得起試驗的，沒有不保存他，也正是這個道理。試驗的方法對於研究古代的興趣非但不減少，反比從前增加，因爲他對於凡是有保存價值的，都用試驗的態度對待他。

試驗方法對於教育的關係，今天不能詳講，但可略講一點。試驗方法並不是用了去教這個教那個。有了試驗方法所生的教訓，就使學校都應該充滿試驗的空氣。從前的武斷態度，只是定了章程，永遠遵守；或懷疑態度，完全沒有計畫，過了今日，不知明日怎麼樣，都各有弊病。我們應該先有一個計畫，步步以試驗的結果來變更。

現在有求一致的趨勢，先定了章程，然後辦學校，結果只是形式的統一。學校應有試驗的計畫；辦學的，做教師的，都隨時隨地試驗，隨時隨地修正，復以各地試驗的結果互相報告，彼此交換意見，彼此糾正。集合大家試驗的結果，成爲有彈性的教育精神。這不是形式上的統一，是精神上的統一。

十一 科學的內容或材料之重要

今天繼續講演科學在教育上的用處。上次是科學方法的重要，今天是科學內容或材料在教育上的關係。

在今天要講的本論以先，先講一段緒論。這就是歐洲教育史上三百餘年來有一種很劇烈的爭論，一方主張以語言、文字、文學、歷史等人文的學問爲主要教育，一方則主張以自然科學爲主要教育。文藝復興之後，知文學、歷史等學科的重要，故想把他們保存在學校之內，占其重要的部分，而反對自然科學的侵入。此種爭論至現在還時有所聞。

在這長期爭論的當中，兩方各有見解，各有主張。文字、語言一方面的人，其理由以爲這些文字、語言、歷史、文學、哲學等學科，都是關於「人」的，關於人事的，故稱他爲「人文的學問」；科學中的酸、氣、力、質、昆蟲，與人有什麼關係，當然是不重要。語言、文字等人文的學問，因與人事有關係，故價值最高，其美感一方面，可以養成高尚的態度、行爲、儀表和氣概，其價值那裏是講力、質、昆蟲等自然科學所能及的呢。

他們以爲文學所代表的，是人類最高的理想和希望，所記載的都是道德教訓、嘉言懿行，能使讀者鼓舞奮發，所以是最高文化的結晶。歷史也是如此，所載都是興亡之大道，看了也使人鼓舞奮發，所以都有價值。科學所代表的都是比人低，都是人以下的昆蟲、下等動物、花木、礦物、結晶、原子、分子，絕沒有文學、歷史那樣高的價值。

這種學者，對於自然科學至多也不過承認他在實用上的價值，以爲衣、食、住或可因此增加進步，但實用只是物質方面的，與精神毫無關係，即使有點關係，也不過訓練心思知識。如算學，是一種心思的體操，能使心思格外正確。但這還不重要，究竟不能及精神上、道德上的「人文的學問」的重要。

在那一方面主張注重科學的，以爲科學是眞理，所知的都是實在，是眞際[9]，不是玄想。我們如能研究實在和眞際，自然是最高的道德目的。人文的學問，不過是人造的、不自然的、假設的、憑人玄想的結果，未必能靠得住。所以自道德上講，科學的訓練自比文學的訓練高得多多。

不但如此，文字教育的結果，使人但知注重形式虛文，成爲重名輕實的習慣。語言、文字，本是代表事實的符號，文字教育却使人忘其所代表的事實，養成虛僞的結果。科學可以使他們回到眞的面目。還有文學，雖也有許多好的意思，但却有許多壞的意思，與他互相矛盾，其間沒有標準，也沒有公正人爲他審定。科學是大家公認的，決沒有矛盾的地方。即此一層，科學又是比文學高了。

我今天提到這歷史上的長期爭論，並不是也要加入，幫助那一邊。不過這很可以代表引起我們研究哲學上的一個問題，究竟人與自然有什麼關係。剛才講的兩派，彼此互相辯論、攻擊，都是代表錯誤的哲學。他們以爲科學有人的科學，有自然的科學，把人與自然分爲各各獨立的東西。而教育哲學的問題，是怎樣可以使學生懂得人與自然不是隔斷的、絕不相容的，而是彼此互相依靠、互相聯貫的。

如果人與自然可以嚴格的分離，那麼人文的學問自然應該比自然科學高一點。但人與自然是不能分離的，自然是人的媒介物。人事關係，無處不以自然爲舞臺。人天天在媒介物的當中，那裏能分得開呢？故他們以人文的學問與自然科學互爭高低的，都錯誤在把人與自然看作分離。

假如以一個銀圓放在箱子裏面，一定與在外面時不生變動，這就是銀圓與環境沒有關係。人對於自然，却不是如此。人與自然，猶植物與所栽的泥土：植物的生長，與泥土的厚薄、肥瘠及日光、水分有密切的關係；人的生長之過去與將來，也與自然有密切的關係。

自然界對於人的重要貢獻，至少也可以有三種：

（一）材料。人沒有自然界，就沒有生活的材料。

（二）工具。煤、鐵、電機、汽機，種種不可少的工具，都是自然界所供給的。

（三）**能力**。一切作用的能力，都是自然界供給的。光、熱、電等等的

9 眞際：佛教用語，指現象的本質。

力，固由自然界而來，就是個人的能力，也非靠自然界供給不可，沒有能力，便不能生活了。

所以人與自然分開，便不能知道人的眞相。道德、精神等話，雖很好聽，但其大多數都與材料、工具、能力有密切關係。倘不把自然環境連在一起講，決不能懂得人類精神、道德發展的眞相。

語言文字的教育偶然也會發生幾個偉大的人物，但是很少數。他們口頭雖講爲人道說法，爲天下人類代表，但這些偉大人物總在少數貴族士大夫的階級。無論何國，凡是文字的教育，必在有閑功夫的士大夫階級。大多數的平民，對於他們所謂高尚、看了能鼓舞奮發的人文的學問，毫無關係。結果少數人受了教育，大多數人都壓下去。極端主張科學，固然也有弊病，但能使人人有管理衣、食、住的本領，供給生活的需要，則比較近於民治的精神，這是科學教育的長處。

科學教育的錯處，在與人事分離，其長處在與人事密合，使人人能管理自然界的材料、工具和能力。主張科學教育的人，也太趨極端，把科學教育當作一種專門學者的教育，結果流於乾燥，不能引起人的興趣。因爲他們所教的，都是很專門的名詞，很離奇的事實，與人事關係太少了。這一層，是科學家的錯處，與主張文字教育的人對於自然界沒有關係的錯處正相等。

專門科學家固然重要，否則科學怎樣能夠發展？但自小學起一直上去的科學教育，却不能以教專門科學家的方法，把已經成熟的科學成績去教。故科學教育應使與人事有關；人文的學問，應使與自然有關。兩種爭論，都應免除，使人與自然不相分離。科學教育苟與人事無關，則效果很少，不過記得幾個專門名詞與夫幾件離奇的事實而已。

講完緒論，我們引到實在應用的結論，就是科學在學校教育裏面不要懸空，其起點就應從人事、社會有關的用處下手，漸漸上去，其最後的結果，還是要回到人事、社會有關的用處，起點在這個地方，結果也仍在這個地方。

不幸西洋教授科學的方法已經固定，與我們所講完全不對。他們遺傳下來的方法，大約只有兩種：

（一）以自然科學當自然科學教學生。動物、植物、礦物、化學、物理，都與人事無關，各科又與別科無關，如房子無門的不相交通。其實自然界並不隔閡斷絕，試拿植物來看，雖是植物學的材料，而他的色料、養料，由泥土而來，便與化學、物理學、地質學有關，甚而至於與天文學、氣象學都有關。天然界既然彼此互相打通，教授自也應該彼此互相聯貫。故科學教育應利用學生的興趣，從人事方面下手，使他們知道天然界彼此互相聯絡的用處。

（二）以科學家完成的結果教學生。簡單說，這種教法等於語言文字的教法。使學生記得幾個專門名詞、專門術語，與文學教育使學生記得幾個死語言文字有什麼區別。因這都與人事沒有關係。他們的錯誤，在於不帶歷史進化的觀念，是一種劣等的辦法。須知這種科學是幾百年來多少學者一步一步積起來的。倘不管他是怎麼來的，只是教學生整個的拿去，那裏能見成效呢？學生既不能把幾百年來許多學者所積聚的成績整個拿去，所以應該在訓練方面養成他一種態度，使他知道所以有現在的結果的程序，成效自然大得多了。

如果我們從科學在社會、人事方面的用處下手，細心領會，教法也並不困難。下手的方法，如種樹、花、五穀，都是預備飲食、衣服材料的，漸漸的引他們進去。這種與兒童的生活經驗都有關係，很容易領會，於是可以一步一步的把科學知識輸入，成績也很大。我簡單奉勸提倡科學教育的人，應從與社會、人事已發生關係之處下手，在兒童經驗之內，不要超于兒童經驗以外。

如以電氣做個例。用抽象的方法向兒童講電氣，怎樣能夠懂得，即大一點的兒童，也未必能領會。但倘從現在已經成爲經驗的電燈、電報、電話、汽車中的電池等處，引他進去，兒童對於這種用得着的實物，自然比書本子裏面抽象的東西容易懂得多了。

照現在教科學的方法，一定有免不掉的困難，就是年少的夠不上。但照我們所講的方法，從極小一直到專門學者，不會間斷。種一粒種子，待他出芽、生根，一步一步的上去。動物、礦物、物理、化學，都是如此，只要有經驗好一點的教師，不難漸漸上去，至於高深。舊法不照兒童生長的次序，驟然把現成的知識教兒童，兒童只要考試及格，就拋棄了，至多也不過記得幾個專門名詞而已。我們所講的方法，是依照人的知識的生長，一步一步上去的。譬如樹木，一年一年的生長。這種有系統的知識都可以變成他的知識系統中的一部分。

剛才講的，只是方法的前一部分，就是起點應與人事、社會有關係。但是我們講過，科學教育最後的結果，仍應回到人事、社會有關係。社會大多數的人都與自然環境有關，農人尤爲密切，工人也如此。他們從歷史遺傳及經驗將來種種方法，如播穀、分秧、風車、水車、磨、肥料等等，都是由祖父傳之于父，由父傳之子孫。不明白他的道理，只知向來這樣做，大家這樣做，保存舊法，不求進步。但是社會進步必須各方面同時進步。所以學校教育的目的，不是希望學生都成科學家，是希望科學知識的傳播得廣，傳播得遠，應用得廣，應用得遠。發生一二個發明家，還是小事，傳播應用得廣遠，影響最大。這就是科學教育的最後結果，仍然回到人事、社會上來。

這種教法，不但農工的方法進步，還有大的用處，就是科學知識傳播以後，人民的幸福可以增加。農工等大多數人的做工，都不知所以然，只是機械的做去，這是一個大缺點。他們對於工作，毫無趣味，只因不做不能生活，於是不得不做。這種做工，簡直是一種痛苦，眞是所謂苦工了。科學知識傳播以後，與農工等各行業的器械都有密切關係。每一業的器械，有一業的理由，有一業的興趣。西方勞動界不安靜的原因雖有多端，而科學教育不普及，也是一種。開礦、造路等等工作，都是機械的，沒有趣味。科學教育普及以後，這種不安靜的現狀也許因此減少，因爲他們所以痛苦，大半由於工作沒有興趣；工作沒有興趣，由於不懂得他的理由；不懂得他的理由，由於科學方法的不傳播。

這種方法，在實際上的應用很大。中國將來的五十年，不消說得，物質文明一定要發展的。我們現在遠望五十年後，有兩條路可以走。

第一，少數人有專門科學知識，知道機械的道理，科學的用處，大多數人對於科學茫無所知，結果少數人壟斷科學所發生的利益。雖然也有一小部分的好處，然太不平均了，利益太爲少數人所獨佔了。

第二，先去安排預備五十年以後的事，用活的方法傳播科學知識，使大多數人將來都能享受科學所發生的利益，因不平等而發生的擾亂也因此免除。

歐美倘於一百年前有先見之明，不阻擋科學的傳播，而用正當的方法使大多數人知道科學的所以然，也許現在不只像現在的歐美，而有更好更幸福的歐美。

十二　教育的原理和學制

前幾次講兒童的發展、活動、能力、做教育的基礎；以後講社會的目的；再後講近世科學的發展在歷史、文化和思想上的影響；最後講科學方法在學科上的應用。這是以前講演的大意。

以前的十一次講演，都把教育的部分分開單獨研究。以兒童本能爲基礎，以學科爲方法，以社會生活爲目的，都是分開的，沒有系統的總括的研究。今天把他聯貫起來，應用於學制上。自初等高等而中學而大學，一步一步的把他貫串。我們所講的學理，怎樣可以應用到學制上去？那一種學制應用那一種學理？

教育的制度，無論那一國，都可分作三個時期。第一，是兒童時期。第二，從兒童發達起來，過渡到成人，就是中學的時期。第三，快要成人了，受高等教育的時期。照他長進的次序，每一個時期的教育，應該根據那一種學理；那一種學理，應該應用到那一個時期上去，這是今天要講的。

先講第一步初等教育。初等教育根據於兩種重要事實。

第一，兒童時期是最初受學校教育的時期。這時期兒童的吸收力最大，伸縮力最強，變好變壞，都可以的。

第二，這時期是個基礎的時期，不但是中學、大學的基礎，尤是他一生事業、習慣、嗜好的基礎。

明白了這兩種事實，然後可以定初等教育的方針。但是歷史傳下來有一種很壞的趨勢，就是把這個時期看得不重要，並且討厭他，以爲不如趕快長大了的好。這時期所求的知識固然較少，但是時期的重要我們應該承認的。歷史上好像都以爲不應該有這時期，看不起他，以爲這幾年不過是枉費了的。所以他們以爲初等教育什麼人都可以教。這種趨勢，實在很壞。天主教當中有一支名曰耶穌軍[10]，最以教育着名，他的教育家有一句話：

10 Jesuits：即耶穌會。

把小孩子給我，到八九歲的時候還你。他的意思，以爲到了八九歲，基礎已經定好了。不但他的一派如此，就是盧梭、裴斯泰洛齊（Johann Heinrich Pestalozzi）、福祿培爾這班大教育家也都注重兒童教育，因爲也都承認這個時期是基礎的時期。

何以這些大教育家都注重、而普通心理反看作不重要呢？因爲兒童當這愚昧無知的時代，一般人的心理，都看他的心當作一只碗、一把壺的樣子，這時候要裝的東西甚少，自然什麼人都可以教了。但是兒童的態度、行爲、思想和待人接物的習慣，都與他的一生有很大的影響。譬如他有好奇的心理，倘這時候不去鼓勵他，利用他，使他成爲試驗的態度，只是壓他下去，那麼這心理便變爲麻木了。又如好問的心理、冒險的心理，都可以養成他研究的態度和勇敢的性質。又如喜與人玩耍，可以利用他成爲彼此親愛互助的習慣，倘壓他下去，便漸漸變爲孤僻了。這時期所求的知識雖少，但習慣的養成很大，引導他可以成爲好習慣，否則也可以成爲壞習慣。所以這時期的教育比中學、高等尤爲重要。

從此可知初等教育的目的，並不在使兒童讀許多書，得許多豐富的知識，而在養成將來應用的能力、技能和習慣。這個觀念很重要，即在古代，也承認這個道理，只要去看舊式小學教育所定的教材便知道了。古代小學，只有讀書、寫字、算學三種學科就完了，可見他的意思並不是在要叫他讀得好，寫得好，算得好，而在養成他一種有用的能力、技能和習慣。

舊式小學教育雖也承認學科是養成能力、技能、習慣的東西，但他的方法，與新式的絕對不同。從兩種絕對不同的方法底下，自然產生絕對不同的習慣。舊式的單是教學生在一條路上走，不許逸出軌道，天天如此。這種刻板的、無用的教法，雖然所教的東西只要一提頭，就能往下背誦；但一試用到別處，就沒有用了。故舊式的教育無論他承認讀書、寫字、算學都是養成習慣的東西，而他所養成的習慣總是孤立的、死的、呆板的，而不是可以活用的。

我們自然承認讀書、寫字、算學的重要，在養成能力、技能、習慣，所以知道用功夫在這三種上，是值得的，不枉費的。須知這三種是工具，不是叫他能讀能寫能算就完了，還要他知道所以要養成習慣的用處。也不是叫他在一條路上走，也不是叫他當作玩意兒，是要叫他有能力選擇好的文學、歷史等種種東西，知道爲什麼，那些好的該讀，那些不好的不該讀。這便是把兒童的生活經驗與學科聯貫起來。

關於這一層——兒童的生活經驗與學科聯貫起來——從前已講過不少，此刻不再講了。但是應該注意的，這些讀書、寫字、算學，須使兒童知道是人生日用的一部分，並不是什麼玩意兒。譬如所讀所寫的字，不要單是認識就完了，還須知道字是代表人物等等的名稱。就是一個字，不是一個獨立的字，而是一個人名或物名。算學也是如此，不是空的數目，而是人或物的計算。文章也是如此，不是書本上、課堂中的文章，而是眞的經驗的記錄。總之，都不是玩意兒，而是人生日用的一部分。

初等教育雖然以養成活動的能力、技能、習慣爲目的，但却不是說這個時期不應該求知識。知識也要求的，却不該從求知識下手。知識應該從養成活動的能力、技能、習慣中得來。教育的基本原理，去看幾個月的小孩子就可以得到。他的手腳一定時時在那裏活動，你若給他一張紙，他先把他團了，然後撕爲碎片；見了東西，又要去摸摸是光的還是粗的。這無不是求知識的法門。看去雖似野蠻，却無處不是求知識。故從幾個月的小孩子，可以得到教育原理。初等教育所以養成技能、習慣，養成的結果，自然得到許多有用的知識，不要先當他是一個目的。

不但看幾個月的小孩如此，就是成人也有這個道理。農夫于幾年當中懂得土性的肥瘦，肥料的使用，氣候、水分的關係，何嘗是當他知識求來的？人要生活，不能不去活動，等到習慣養成以後，自然得到有用知識，而最初目的，却不在求知識。農夫的事業就是他的自然結果。石匠、木匠也是如此，鋸、銼的使用，規、矩的理由，也何嘗當他知識學來？故初等教育一面養成有用的活動的能力、技能、習慣，一面自然發生知識。這可以說寓求知識于養成習慣之中。

現在再講第二步中學教育的時期。這時期是青年過渡的時代，與初等教育略爲不同一點。初等教育是養成有用的技能習慣，中學教育則求知識較重。其兩個最重要之點，就是：

（一）天然界是什麼東西？

（二）人事界是什麼東西？

簡單說，就是把初等教育時期無意中得來的知識，推廣到天然界、人事界去。因爲青年正要往天然界、人事界中去活動，倘不曉得他們是個什麼東西，一定有許多不方便。

青年預備將來事業所在的天然界、人事界求知識，這知識可拿廣義的歷史、地理來代表他，以廣義的歷史代表人事界，而以廣義的地理代表天然界。這一部分的知識下禮拜關於歷史、地理的方法時再講。今天先提出中等教育一個重要問題，就是農業、工業等專門性質應帶多少。

中學因爲在初等教育與高等教育之間，所以有許多都當他作預備性質，爲將來升入高等教育的預備。但這弊病在於不是個個人都能升學，有許多要出去謀生的；預備的東西太專門了，到工商界去沒有用處。高等教育的學校較少，自然也不能全數容納，在日本成爲教育界的大風潮，十人中只有一人、至多也不過五人能受高等教育。又因預備太專門了，學工的不能文，學文的不能工，這種不能聯貫的流弊是很多的。所以我主張中學自身應該完全獨立的，升學固然可以，就是出去謀生，也有相當的技能。

美國的經驗，很有可以供諸君參考的地方。中學校即大學預科，帶着很強的預備性質，名曰預備學校。他的教員，都是大學畢業生；他的學科，都以大學入學試驗爲標準。因此有人反對，太不經濟，主張把八年的中學變爲平常國民的高等學校，不管大學需要什麼，只管社會需要什麼，完全解放，不受大學羈絆。有幾個邦立的大學，也宣言只要學科的程度好，不管合不合大學入學試驗規定的本子上的東西，都可以進來。如此是大學來遷就中學，不是中學去還就大學。

講到專門的問題，不但是預備升學的專門教育應該討論，就是預備將來事業，也有專門，也應該討論。預備專門的學制，德、美兩國是兩個極端。德國有許多的專門中學，農有農業中學，商有商業中學，礦有礦業中學，機械工程也都如是；還有當教習的有師範中學，做律師助理的有法政中學。這種制度的好處很容易明白，就是定好了一條路子，按部就班的往上走，很經濟的。

美國的學制，沒有專門中學，農、工、商、礦都沒有一種預備職業的，其弊在乎太泛。但德國制度的危險，在於十三、四歲的孩子怎樣可以責望他有判斷終身職業的能力。農、工、商、礦都是終身職業，既經選定，倘再更改，是很危險的。美國雖患太泛，但是可免這種弊端。德國專門太早的弊端，約有三種：

（一）少年這時候還沒有獨立的判斷，把他趕到狹路上去，不許走別條路，結果非常危險。倘在貴族政治的底下，階級可以預先分好了，做官的做官，做工的做工，弊端或者略少；但倘在民治的國家，個個人自己都預先有適當的選擇，然後將來可有適當的發展，那麼十三、四歲的人那裏辦得到？

（二）少年還不配選擇職業。如選定學工程師，後來因爲心理不相近，忽然想做文學家，結果把少年時期耽誤了。

（三）現在一切都在變遷的時候，學校內的功課總比較的守舊，倘花了四年、五年的好工夫在學校內預備，預備好了，已趕不上外面的新學問了。所以這實在是一種妄想。

以上是批評兩種學制的話，我的意見，以爲中學校未始不可有特別注重的科學，但須不妨害普通性質，使他成爲獨立存在的教育。每種教育的材料不妨帶點專門性質，近農的注重農，近工的注重工。這樣使他們有了應用知識，升學也可以，就是出去謀生，對於本門的特別技能雖然沒有知道，但有了活動的能力，可於短時間內學成應用。

現在只能舉個簡單的例，如農村裏頭辦起中學來，大多數人都是農家的子弟，應該完全取材於本地風光，如農產、樹木、肥料、土性、製造等等特別的材料、特別的問題；但所學還是普通應用的知識，不必專辦農業中學。這種學生出來以後，短時間內可以變爲農夫，且能懂得他的精采，但知識上還是獨立的。

以上是講中學。現在因時間不夠，只能用幾句話把高等教育的要旨講一講。高等教育的大學專門學校，應該養成專門的人才，不是專門的機械；尤重要者，須養成專門的領袖人才，在工業、實業、政治、文學各科的當中，知道他的方法，使別人能在他所開的一條路子上進步；不但事業上做領袖，還要在本門的學問上做領袖，這是高等教育應該根據的。

十三　怎麼學地理和歷史

上次講演學制的組織，從初等教育一直到高等教育，其目的在什麼地方。初等教育的目的，已經詳細講過了。上次講到中等教育的目的，謂應該使學生熟悉天然界、人事界的情形。今天再詳述中等教育的目的。

要講中等教育學制的內容，須先講明為什麼中等教育應該使學生知道天然界、人事界的情形。其理由有二：

（一）使學生知道自己的能力與那一種相近，可以對於將來職業的預備有點標準。中等教育是過渡的時代，倘不能使他知道天然界、人事界的情形，只是叫他自省，決不會有適當的標準。所以應該使他知道天然界有什麼東西，怎樣情形；人事界有什麼東西，怎樣情形，知道了然後可以進去做事。

我們知道世界上許多痛苦和不經濟都從選擇職業的不當來的。如所選的職業與本人的能力嗜好不相近，個人方面因爲不能盡其天才，只感痛苦，沒有樂趣；社會方面，本可以受他利益的，也因此反受其害了。西方有一句話：「方的柄放在圓的孔內，一定不會適當的。」（這話中國也有的）就是這個意思。職業選擇不當，由於知識不充足。譬如一個能做工程師的，生在農村裏頭，沒有可以看見紡紗、織布等機器的機會，所見的都與他性質所近的不能相投。或者一個能做科學家的，生在城市當中，到處只見街道、房子。這些不能得到充足的知識——不能知道天然界、人事界種種事實——就是一切痛苦和不經濟的原因。

常人選擇職業的大病，在乎選擇沒有標準，不過是偶然的被動的：不是父母或旁人給他選定的，便是瞎碰來的。痛苦和不經濟，都是由此發生。所以最重要的是使本人有充分的知識，廣大的眼光，知道天然界、人事界的種種不同，對於那些有興趣，那些沒有興趣。我們看見一種不認識的金類，先用旁的金類去摩擦他，看他的硬度；再加熱，看他的熔度；再放在各種酸液裏頭，看他起什麼作用。這樣一試，不認識的金類便可以認識了。人才也是如此，先把教育範圍推廣，看他對於觀察某種事業起什麼反動。中等教育是人生態度將定的時候，正應推廣範圍，供他選擇將來職業之用。

這種辦法，不能單靠學生；教師也應該負責任，看他對於那一種發生興趣，便引導他向有興趣的一方面去。教育的大病，是不管學生性質相近與否，只是要他及格。教師所應該注意的，是學生爲什麼這幾科好，那幾科不好。因爲這不僅幾分上下的區別，還可以觀察學生的天才向那一方發展。學生對於某科的善長不善長，就可以有選擇職業的應用。

（二）中等教育應避免專門太早之弊。這一層上次也已講過。中學時代，是還沒有進高等專門或從事職業的時代，應該給他天然、人事界面面都到的知識，庶幾上次所講專門太早的種種弊害可以免掉。

講明了這兩個理由，我們再講中等教育制度普遍的道理。先講我們所住的自然界與種種人事的關係。現在還沒有一個字可以包括「把自然界的地球當作人類所住的家園，不僅山川河海等物而已」的意義，所以暫用廣義的「地理」這個字來代表他。

平常教地理的，只是叫人牢記：什麼河發源於什麼山，往什麼方向流，經過那一府、那一州、那一縣，到什麼地方，與什麼小河相會，流入什麼海洋；什麼山發源於什麼山脈，綿延多少里，最高峯多少尺，有什麼樹木。這些名詞，都是很不容易記的，而且沒有用處，要用的時候，費幾分鐘工夫參考一下，就知道了。我們另外還有許多不可少的東西，何必花這麼多的工夫在沒用的事體上面呢？

記這些全靠記憶的瑣細事體，與記天花板上、磚地上的破縫多少長，有什麼分別？如其有用，除非把山脈、河流與人類生活聯貫起來，講他發生什麼關係，如出產、都會等等。

研究天然界的根本觀念，就是人類事業處處與環境有關，處處須應付環境。歷史上的事實，都是一個時代對付天然環境的勢力的痕跡。在消極方面，怎樣征服天然界有害的勢力，如日光、雨水、猛獸等等；積極方面，怎樣利用有害的勢力爲我們做事，建設種種文明。人類的事業處處與天然有關的。這樣講法才可以發生興趣。

例如講到天文。書上告訴你，地球轉動的軸是有點斜的，斜度幾分幾秒，因此南半球、北半球所受的日光不同。平常教法，總是教人記着斜度幾分幾秒，因受日光的不同，所以有寒、熱帶，幾個月冬天，幾個月夏天。這樣教法是不對的。我們應該把他與文化連在一起。如北方因爲天氣冷，日光少，所以發生什麼民族，文化較遲較低；但是人類在這種天文、地理不相宜的地方尚且能與自然奮鬥，造出文化：如火的發明，衣服的發明，及北冰洋中捉魚等等。這種都能引起興趣，可以知道人類在天然界所佔的地位。

再以寒帶以南，受日光較多、天氣較溫的地方來講。地勢有高山、平原的不同，土性有膏腴、瘦瘠的不同，因此發生的民族有特別的氣質、風俗和習慣。如蒙古的地方宜於畜牧，所以發生游牧民族，養成居無定所的習慣和勇敢冒險的天性。因職業的關係，所以出產品是油餅、牛乳等物。又因天性、習慣、文化種種關係，所以人民好戰，在文化史上發生極大的影響。無論東方、西方，凡是古代戰爭，都是北方民族破壞南方文化較高的民族。

再講到土地膏腴的地方，因爲生活較易，居有定所，所以無論東方、西方，文化發生最早者總在這等地方。濱海的民族，養成航海通商的習慣，富於冒險的性質。這不過舉幾個例，日光與人事、文化，已經有這麼大的關係。這種不但容易懂得、容易記得，有訓練心思的功效，還可以使他們知道地理不是只有幾個死板板的府、州、縣，還有種種人類應有的事業，及天然界究竟有什麼東西。

這樣講法，既把學生的眼光推廣，然後漸漸引他們到社會政治的問題上去。如英國爲什麼以這樣小的島國而能在商業上佔這麼大的地位，殖民地這麼多，運輸這麼發達？因爲在地理上看來，他是個濱海國。煤、鐵、石灰，又都與製造有關。不但歷史上的事實容易懂得，就是從地理下手，也可以講到一個地理上的位置，天然的物產，與他的文化的關係。於是可以引到社會政治問題。

還有最應注意的，我們與其泛講這一部分、那一部分，不如多用點功夫在重要的一點上。例如泛講一遍以後，專指定一種高平原的地理、文化、民族、習慣、職業在普通文化的影響。不妨用幾禮拜乃至幾個月的時間使他們對於這一部分毫無疑點。再指定濱海的地理，也是如此。總之使學生格外了解所學的事實。

以上是講自然界，其與人生的關係已經如此密切。現在再講較重於人事方面的，就是「廣義的歷史」。平常教歷史有兩種大缺點：

第一，專注重時代年月。什麼朝代的起訖，皇帝的生死，種種與學生沒有關係的事，使他拼命記着。不知紀年只是代表文化的先後，沒有獨立的性質，若不注意他所代表的文化變遷，因果關係，只注意他的符號和零碎片斷的事實，有什麼用處呢？

第二，太注重政治。什麼某皇帝那年即位，某總統那年就職，都是很注重的。還有最多的是戰爭，某年有什麼之戰，某年有什麼之爭，都是這些沒用處的零斷的事實。

我們並不是說政治不重要，不過是有許多更為重要的事。如水火機器的發明，工業、商業、宗教的發生，都比王公大臣的生死重要得多。偏重政治史的大壞處是在養成學生一種錯誤的歷史見解。這種歷史是貴族教育的結果。在貴族教育的時候，或者比較的有用；我們現在要講平民教育，佔重要的是工商、物產、宗教、美術等等。這種專注重政治的歷史有什麼用處？

譬如工業史，我們從他所得的教訓比政治為多，但是他最不完全，重要的事實都無從考查。不過我們可以用進化的觀念把他貫串起來，從草昧時代直到現在。石器時代，人類所用的斧、刀，都是石的；後來發現鐵，又發明用火化鐵的方法，使生鐵變成熟鐵；然後漸漸發明紡紗、織布的機器，在文明史上都是極重要的。又如中國養蠶的發明，織綢機器的發明，在社會文化上一定發生很大的變化。這些都是文化的基礎，而從前的歷史不注意，眞是他的缺點呵！這樣教法，可使學生想像能力發展，對於人生的見解格外明瞭。人類的文化不是幾個朝代幾個皇帝可以造成的。

不但工業史重要，就是思想知識史，也何嘗不重要。平常歷史的大缺點，是花許多工夫去講幾個大英雄名將的戰功，而對於思想、科學、哲學大家，反不注重。希臘的歷史，講亞歷山大（Alexander）戰功最詳細，而不知道有個幾何大家歐幾里得（Euclid）比亞歷山大重要得多。與亞歷山大同時的大哲學家亞里斯多德，中古一千年的思想不能逃出他的範圍的，不過說了一句他是亞歷山大的先生。（適之先生說：中國太史公不惜用萬數字替項羽做本紀，而於哲學大家、科學大家的墨子，只給他二十四個字，也中了這個缺點。）這都是輕重不適當。

教歷史的根本錯誤，是當歷史爲過去的陳跡，已經死了的東西。我們應該把歷史當作活的東西，研究過去，是因要知道現在和將來，人類進化的痕跡是連綿不斷下來的。這個國家所以像現在的樣子，是從前種種勢力造成，由此可以推知將來政治、文化、思想、工商業等等。就是不要當他記載朝代、英雄的歷史，而是研究社會的歷史，一步一步回頭看去都能知道了，然後可以懂得解決將來問題的趨勢。

現在假如有人問：「替中國的中學和高等小學[11]定歷史的課程從那裏下手？」我可以供給一個意見，就是下手之先，把一切重要的政治、社會、經濟、外交，以及種種運動的問題，開一個單子，一步一步的回說上去，何以發生這種問題？未發生之前情形如何？這與現在發生關係，教法較活，且容易領會，而可以幫助他解決現在種種問題，做個參考材料，並懂得現在種種運動的理由。

總括一句話，無論歷史、地理，其教授的方法都應免掉從前瑣碎的弊病。地理的山脈、河流、里數，歷史的朝代、英雄、名將，都應免除。最好使他們與文化史聯合起來。與其膚淺的泛講，不如提出要點，發揮盡致，使各方面的知識都能用到，養成學生有判斷的能力。如此地理、歷史兩科，才與人生發生關係。

十四　職業教育

我離開美國的前幾年，美國討論最熱的問題，便是「職業教育」（Vocational Education）的問題；到了中國，看見中國人對於這個問題也很關切，討論的也很多。可見世界的運動已經有了一致的趨勢：東方所要急於討論的問題，也是西方所要急於討論的問題。今天講演前幾次所講的學理在「職業教育」上學生怎樣的應用。

講職業教育須先知道的一個道理，就是職業有兩方面：一方面是做工製造出產的；另一方面是消受出產的物品。這兩方面不能偏廢的。就以狹義的工業講，一方製造，一方也要顧到有人消受，何況普通的工業呢？且這兩方

11 高等小學：民國初年學制下的教育機關，學生年齡約當現今學制的五至七年級。

面都靠教育：有了教育，始能一方面有有知識的工人製造，一方面復有眞能享用物品的消受者。

舉個最明顯的例：現在西方各國工作時間的問題，從前十二小時，後來十小時，最近改到八小時；但有許多人反對。他們的理由以爲這些工人做了八小時的工便走了，把其餘的時間到外面去喝酒、戲賭，以及做種種不正當的娛樂，不如叫他們多做幾小時的好。這話實在錯了！工人所以要把時間用在不正當的娛樂，實在是沒有正當教育的緣故。這例很明顯。所以正當的職業教育，一方要顧到工人，一方也要顧到這些工人在閒暇時間還是和常人一樣。

我們所以要講這些話，因爲知道古來的教育有一很普通的性質，就是把教育分爲兩大部分：一部分是治人的；一部分是被治的。治人的是閒暇階級，只是做官辦政治；被治的是勞動階級，只是製造生活的需要。教育則偏向閒暇階級，給他文學、歷史、地理的知識，希望他教育發達了可以做官，可以治人，但是沒有什麼實用。所以閒暇階級的教育是偏于一方的。

正式教育既全爲閒暇階級而設，大多數的工人自然沒有機會可以享受。他們不做工不能生活，所以所受的教育只有師父對於徒弟的一點訓練，到了出師的時候，連這一點訓練也沒有了。但是這些還算較有系統的。還有許多不過整日在工廠裏得到一點本行的知識，竟說不到師父的訓練。但是這些雖沒有書本子的知識，也可算得「狹義的職業教育」。可見職業教育並不是新有的，是古代大多數人都受過的。不過我們的問題，是要打破一部分治人的、閒暇的，與一部分被治的、勞動的階級，然後再講職業教育。

因這不相容的兩大部分，我們有一件重要的事實可以注意；就是這個區分全是根據於社會的。古代的社會本分爲兩種階級：勞動者除了做工以外沒有閒暇；一方閒暇階級則完全不須勞動。於是教育也根本不同。閒暇階級是用心的，勞動階級是用體力的。教育只管所謂上等人物，專教他們用心思記憶、想像，而不必用肢體的運動，所以是文學的教育；勞動一方面，完全用手足，而用不着心思，只要手足靈敏就夠了，所以多是一種手藝。社會不同，教育也因而不同。

從前講過好幾次，歷史上亞里斯多德的影響很大。他在二千多年前，已爲我們定了教育的規程。他定一部分閒暇階級的教育曰「自由的教育」[12]；

12 Liberal Education：現多稱博雅教育、通識教育。

而定勞動階級的教育曰「機械的教育」（Mechanical Education）。自由的教育應該格外注重精神上的文學、哲學、修辭學、論理學、文法、音樂，使他理想的能力格外豐富；勞動階級只要做工就夠了，用不着這些東西，所以希望他肢體發達，給他一種機械的教育。這是亞里斯多德定下來的規程。希臘雖亡，但他的影響却二千多年來所逃不了。最近兩世紀科學發明，社會變遷了，各項運動始漸漸把這劃分兩部分的意見打破；但因入人太深，故還不能完全打破。

西方雖然注重工業很久，但打破文學教育，注重職業教育，不過是最近五十年的事。反過來看中國，別處雖與西方不同，而這一層却也不知不覺的造成階級的教育，注重文章、文學等等書本子上的東西。

最近以來的時代，科學進步。科學裏面有許多要用心而非兼用肢體不可的，應用科學肢體尤爲重要，在室內要用肢體試驗，出去則有測量等等。民主運動，漸漸看重勞動者。商業發展，知道生計是社會的基礎。合起這幾方面來，養成一種新的見解：知道從前的觀念錯了，從前所看不起的，現在都應該抬高了，由此打通勞心、勞力的階級，可以研究職業教育——打通的社會中的職業教育。

職業教育最重要的觀念，就是職業教育並不是「營業教育」（Trade Education），不是做專門行業的教育。做專門行業的教育是機械的，用不着心思和高深的學問，只希望養成本行的專門技能就算了。但這不是職業教育。職業教育應該注重使人懂得實業、工業所應知的科學方法：一方應用手足、肢體發展的本能；一方不能不注重知識，知道科學的所以然。否則對於行業沒有趣味。倘能知道科學的所以然，則隨時可求革新進步。不但做工方面，就是享受工業出品的方面，也可以革新進步。

職業教育有兩種弊端不可不防備的、避免的。

第一，千萬不要認定某種人天生成做某種事業的。有了這個觀念，便在青年時代給他很狹隘的行業訓練，後來不能改業。這種結果很危險，在這變遷的社會當中，往往把人才糟蹋了。補救的方法，是給他們博大廣闊、面面都到的教育，使他們的心思、技能有格外廣闊的根基，能於短時間內變成某業的人才。

第二，千萬不要以現在的實業、工業程度做標準。社會是常常變遷的，等到訓練好了，外面早已變更，不適用了。學生偏向此種行業，很難改換。

現在是工業變遷的時代，教育應該用將來的工業為標準。倘現在所教，過了幾時，不能適用，那便不該教。中國現在尤其如此。教育應該給他基礎的方法技術，使他心思、耳目都極靈敏，隨時可以進步。這比狹義的訓練好得多。

我所講注重知識思想，並不是把工作一部丟了；就是講普通教育時，也不主張不用肢體。科學發展，即知單靠知識思想的不夠，所以要去試驗。英文中「試驗室」（Laboratory）這個字，就從「工作」（Labor）這個字來的。看了我們很可以得到教訓：純粹的科學尚非工作不可，況且是職業教育呢？單有工作，單有文學，我們都不承認；最好是把知識思想在科學試驗室當中訓練。這才是我們希望的教育。

做工的重要，不但做工的，就是將來預備做管理人的，也應該實地練習。倘只知道一點學理，却恐怕衣服弄髒，不肯去實地練習，這個人要得很有成績的管理，一定辦不到的。我們從經驗證明，凡是有好成績的管理人，都是從底下起來的，所以他能知道工作的內容。

剛才講的還限於有職業的人的關係。現在從民治的國家社會來看，應該如何下手：第一點，是人人都要做工，做一部分的有用事業，為社會貢獻；

倘不做工而只是分利的，便是惰人。第二點，做工的報酬不但金錢，尤須要使他們長進。我們應該替他們設法，使他們的腦筋不會餓死。不可使他只能做這樣，不能做那樣，而要使他知識思想有趣味，有進步。從此可以知道職業教育應該如何下手，才能顧到這兩要點。

諸君知道全世界的工人現在成爲一個最危險的大問題。其所以如此危險，不但是時間、工資的問題；其重要之點，乃在工人對於工作沒有趣味，沒有發展知識、應用心思的機會。他們所不滿意的，就是單靠物質上的報酬的不夠。由此可以推到中國，這個問題尤其重要。中國工業正在開始動手，倘受高等教育者知道此點的重要，將廣大的見解使將來工人方面有發展心思知識的機會，也許可以免掉現在歐美擾亂不安的現狀。做律師的，教學生的，都除了物質的報酬以外，有知識心思上的長進；只有大多數工人，一點沒有興趣。對於這一點，將來做國家領袖者，不可不注意。

總結起來，今天所講，職業教育注重工作，尤須注重發展知識心思。至於在社會方面的重要，以前講過許多次數，也不用仔細講了。中等教育前回講過：是一步一步的預備選擇職業的機會和材料，使學生知道天然、人事是什麼。現在要講初等教育。初等教育以前講過：應該工作就是遊戲，遊戲就當工作，也帶點職業的性質。因爲工作、遊戲都須運用心思肢體，可以養成職業上的能力。

我們知道普通生活，不外四項職業，就是衣、食、住和交通。一切耕種、織布、造房子、車馬運輸來往，無論如何複雜，總逃不了這四項以外。初等教育的小孩，其趣味便是事事模仿大人。我們可以把廣義的衣、食、住，放到初等教育裏去做教材，一方可以做預備，一方使他們得到技術，並知道社會方面的重要。這雖然不是職業教育，但却是很穩安的職業教育的預備。

高等教育也有職業方面，專門和大學雖然都是專門，但也有非專門的一部分應該做普通學問。醫藥、法律固然與社會有影響，就是別的也須從大處着想，不與社會隔斷。如輿論事業範圍漸漸擴大，不但訪員、通信員是輿論事業，就是有學問的人倘不去做這個事業，便不能使人知他事業的重要。如此才可以有沒有弊病的專門教育。

十五　道德教育——個人方面

最後兩次的講演，我們專講道德的教育（Moral Education）。無論那一國講教育的人，都公認教育最高的、最後的目的，是道德教育。

大家雖然公認道德教育是教育最高的、最後的目的，但都覺得困難，不知怎樣可以做到這道德教育的目的。學校中的功課有許多，如讀書、寫字、習算等科，表面上往往似與道德無關。那麼，教育的最高最後目的既是道德，而給他們的教育如讀書、寫字、習算等，却都是知識一方面的，不是自相矛盾嗎？

照這樣看來，問題是在研究知識方面的學科是否與道德有密切關係。倘找不出關係，不能與道德聯合起來，那麼，我們不如取消理想的希望。老實說：教育的目的不在道德而在知識就完了。所以現在應該研究的問題，是怎樣可以用知識的教育做到道德教育的目的。

最普通的辦法，就是以爲道德確是重要的，道德教育確是不能去掉的，所以於各科之外，特別添設一科，曰修身，或曰倫理，教他們做人的道理，以補助別科所不能做到的地方。這種方法，其實是沒有功效的。我們試想以一、兩點鐘與地理、歷史等平等的時間，教那些紙面上、理論上的道德，謂能影響于實際的行爲，絕不是做得到的事。

有許多地方，從表面看去，知識可以影響于人生的行爲的。如知道冷的、熱的，可食的、不可食的等等，都立刻可以與人生的行爲有影響。

這一部分似有影響，但還有許多，如記得地理上許多名詞，與人生無關的。又如測量的人，不能不知道三角，而竟有許多人記得三角的公式而不能實地測量的。冶金的人不能不知道化學，而竟有許多人記得化學的公式而不能冶金的。由此可以知道，知識也有不能影響人生行爲的。所以我們的問題，是在怎樣求知識而能使他于人生行爲有影響。

修身書本子上的理論道德，所以不能影響于人生行爲，也與剛才所講的道理一樣。因爲有許多地方太抽象了。大凡知識不能影響于人生行爲，多半根於兩個原因：第一，不能引起人的願意或欲望；第二，即使引起了，因為知識不夠，不能知道怎樣去做。

剛才所講冷、熱等知識，本來根於人的欲望，所以能于行為有影響。倘離開太遠了，一則不能引起欲望，或引起了而不知怎樣去做，于人生行為有什麼關係呢？

還有一層大的困難，就是倘把道德教育與別科平等，特設修身、倫理等名目，是把道德與別科分離了。而實際上道德卻不是獨立在另一範圍，而與各科有密切關係。這樣看來，學的時候是單純的、分離的，而實際應用起來，是與別科聯合的，自然不能與人生行為有關了。

我並不是說道德不可單獨研究。單獨研究，未嘗沒有價值。但是單獨研究學科，未必靠得住能影響人生的行為。不能影響人生行為的學科，無論如何有價值，于兒童的道德觀念還是毫無益處的。所以我們把這一層方法丟開，回到別的學科與人生有何關係的問題上來。淺看去，有許多顯而易見與人生行為有關的。如使學生養許多良好的習慣，如專心、有恆、正確、忠信等等，都是知識，而可以養成道德習慣的。

但是這些習慣雖可使與道德有密切關係，也須看教法的怎麼樣。教法好的發生好的習慣，否則也許發生壞的習慣。譬如專心一種習慣，是要使他有責任心，但倘教得不好，可以造成虛僞或潦草的習慣。這個例子，可以說明要養成好的習慣，非有好的教法不可。

還有困難之點，是怎樣可以使養成的好習慣，不但在教員面前，就是在外面也不改態度。有許多習慣是表面的，不是內面的，所以一到外邊，便回復他的潦草等習慣了。我們注重的地方，就是怎樣可以使他的習慣不是表面的，而由於內面的思想願望發生的。由內面的思想願望發生的習慣，才是與道德眞有密切關係。

養成內面的思想和願望等知識心理上的習慣，照我看來，有三種最爲重要。

（一）虛心或曰公開的心（Open-mindness）。

（二）知識的誠實（Intellectual Honesty）。

（三）責任心（Responsibility）。

先講第一，虛心或曰公開的心。我們先從反面看，什麼東西使我們的心閉住。這個原因大約有三：

（1）**成見**。就是以先入之見爲主，凡是先入的都是不錯的，倘後來的有不相投的事情，便用此先入之見出來抵抗。

（2）**驕傲**。就是以我見爲主，凡是新理與別的道理不與我見相合的，都要抵抗。

（3）**自私自利的觀念**。凡是與我有利的，都是好的；否則是不好的。

「虛心」與這三種恰恰相反，凡求眞理時，無論與成見或我見相符與否，也無論于我有利與否，只要是眞理，便領受他。這才是所謂虛心，或公開的心。

這種去掉成見、我見和自利觀念的虛心，表面上雖與知識有關，是知識方面的事，其實與人生行爲也有密切關係。例如「公正」，是道德上的問題，然要做到公正，而先有成見，則如何行呢？因必須有容納人家的觀點和意見的虛心，然後能做到公正。又如「慷慨」，不是道德上的問題嗎？然倘不先去掉成見，如何能慷慨呢？「公正」和「慷慨」兩種如此，我們可以推知虛心不僅是知識方面的事，而與道德上養成容納反對的意見和觀點的習慣，很有關係的。

從前批評教授法的大壞處，在乎阻礙虛心習慣，養成我見和成見的習慣。如注重一致，無論如何不同的，一定要叫他強同，照一定的規程去做。這很可以養成我見，因爲他的趨勢，養成全班以先生的話爲標準；考的時候，照樣揣摩，決不能引起虛心的觀念。還有一種壞處，是照一定答案去做，如背書，一字也不能錯。這種教法，很可養成我見、成見的態度，所以是虛心的習慣的大仇敵。

換句話，虛心就是要人講理。怎樣講呢：如說做事不要先有成見，不要先顧自己利害，總要顧這事體本身的利害。這就是虛心，照舊法的教授，先生叫學生牢記所講的東西，養成一種盲從的、呆板的習慣。這便是不講理，不講理就是不虛心的緣故。

再講第二，知識的誠實。誠實是道德，平常用在辦事上或營業上。而知識上的誠實，即指承認事實的價值。你錯了，你自己須能承認；你的仇敵不錯了，你也須承認他。不要事實如此，我見如彼，一味顚倒是非。裝面子、文過，都是知識上的不誠實。

知識的誠實既是只認事實，不認利害，所以有許多舊的教法只可養成「貳心」。學校中的貳心是什麼呢？就是心思一方上課，一方想他們自己的上天下地的事體。考試時不准把他們自己所想的寫出，只准照先生所講一字也不能錯，這自然只可養成貳心的習慣了，還有什麼知識上的誠實？

再講第三，責任心。責任心怎樣講呢？大概是兩種意思：第一，是做事靠得住，不會耽誤；第二，是無論這事的結果如何，利害難易如何，自己既承認要做了，不肯推諉給別人，就是肯自己擔負所做的事的結果的責任。

責任心的習慣雖是道德方面的，而內中還有知識的部分。小孩子本不懂什麼責任，也說不上責任，但他做事，總預先看看效果然後幹下去。效果既然看見了，無論如何，總是要做。倘不見明白的效果，上了人家的當，就無所謂責任心。知了效果，知了效果的于我有利有害，還是做下去，這才是責任心。所以責任心中知識的部分，很佔重要的。

責任心的兩層——一、靠得住；二、知了效果，不顧利害做下去。——好像對於人情很不普通。但是教育倘有適當的教法，使人類養成道德的觀念，能預先推算此事的結果，每事於未做之先，決定做否；既做了，無論是有害的也要做下去了。養成偉大的人格，下手處不在太高，不過如此而已。這是學校內應該細心體察以養成的。

為什麼世界上終於能以少數人的武力支配世界大多數人的行為？這就是大多數人不負責任的緣故。大多數人因為不肯預料結果，做決定的根據，把支配世界的權利讓給少數強有力的武人。這是現在還逃不出武力支配世界的大原因。

不但如此，大多數人不負責任，也並是世界民主政治發展遲緩的原因。人人本來不願意受人家支配的，而何以人類竟讓少數人支配了幾千萬年？這因為大多數以為自由固然不錯，但要做到自由，非常麻煩；有自由固好，要麻煩實在不好；因為怕麻煩，所以連自由也不要了罷。所以寧願幾千萬年的讓少數人去幹，不自由也不要緊。

我們的問題，是現在學校對於責任心的關係。照現在的學校管理，斷不能養成學生自己判斷的責任心。現在的學校，只有兩種東西負責任，一種是教員，一種是教科書。而學生負被動的責任，他不過把先生所教、書上所有的照樣背出來。沒有預備效果的能力和判斷的能力，自然沒有所謂對於自己所做的事的結果的責任心了。

剛才講過，責任心還有做事靠得住、做到底的一部分。這一部分現在的學校也是不能辦到。單靠書本子，不講應用，怎樣可以使他靠得住、做到底呢？故責任心中這較輕的一部分尙且做不到，自然不能做到較大的一部分了。所以學校功課，寧可少一點，終要使他做到底，以養成他的責任心。

我們現在要問：道德教育是不是可從表面的知識使他與眞的道德連起來？倘眞明白了道德爲教育最高最後目的，那麼應該找方法使行爲與道德打通，知了便去行。這樣也許可以做到道德爲最高最後的教育目的的希望。

這是當今教育一個最大問題：教育還是注重養成心理的習慣，如虛心、知識的誠實、責任心的呢？還是只要讀書多，在成績展覽會中可以出風頭就夠了的呢？倘注重前一說，那麼教了這些科學，並不是當作最後目的，而是一種方法，用以養成虛心、誠實和有責任心的人格。這是一個最大問題。

十六　道德教育——社會方面

從前開講的時候，提出教育的三大部分：第一，兒童的本能、感情和活動，做教育的基礎；第二，社會的目的，兒童將來要進去做人的；第三，學校的學科，利用兒童的本能，做到社會的目的。這個部分在道德上也可以應用，現在從道德上把這三部分聯合起來講。

上次是從個人方面下手，覺得個人方面所應該注意，最爲重要的性質有三端：第一是虛心或曰公開的心，就是破除成見、我見和自私自利之見，承認事實，養成公道；第二是知識的誠實；第三是責任心，對於所做的事體負責任。並講到知識方面和精神能力方面。但這都是個人的，不是社會的。今天講的是要從社會方面着想，使學校的道德教育，怎樣可以把道德的目的與社會的目的認爲一個東西。

從前講演差不多時時提起教育的目的是爲社會的。其實，所謂社會的目的，便是道德的目的。例如單講社會的目的，其意就是要養成一種人品，能在社會有益，能做社會有用的一分子，這個目的，自然就是道德的目的了。須知道德有三個部分：(一)**知識**；(二)**感情**；(三)**能力**。先有了知識，知道因果利害，及個人與社會的關係，然後可以見諸行爲。不過單有知識，而沒有感情以鼓舞之，還是不行，所以又要感情，引起他的欲望，使他愛做，不得不如此做，對於社會有一種同情和忠心。但是單有知識、感情還沒有用，所以還須有實行的能力，對於知道了要做，和愛做、不得不做的事體，用實行能力去對付他。

實際的問題，是怎樣可以使學校教育的學科，如語言、文字、算學、歷史、地理、物理、化學等，不但使學生記得，還要使他懂得社會方面的重要。他的知識，能增加社會方面的同情；他的訓練，有實行社會生活的能力。所有學科，都應做到道德的三部分，就是使每種學科都是社會的。例如語言，是彼此交換意見的工具，一切行爲和意見的較爲統一，都是語言的效能，更容易知道是社會的。因爲沒有語言，意見行爲不能相通，便不成爲社會了。

從前的社會生活，完全是地方的、局部的，所以只要語言就夠了。語言用不着學校的幫助，因爲我們知道小孩子一大半的語言，都是自動學的，不是到了學校纔學起來的。後來漸漸有人往別處去旅行、通商或做官，把地方的社會逐漸打破。於是知道寫下來的文字的重要，只靠語言是不夠的了。世界普及教育何以發生得這樣晚，就是因爲交通不便，各處本來都是地方的社會的緣故。

現在各國都從地方的生活變爲國家的生活，所以大家都知道共同文字的重要，因爲既從地方的變到國家的生活，對於一國過去的歷史，將來的預算，和世界的關係，都非了解不可的了。中國土地如此其大，交通又不甚方便，方言又如此其多，所以文字的問題格外重要。從前只有這些語言，自然夠用的，現在却不夠用了。所以基本的問題是怎樣找一種共同的語言，以爲眞正的民治共和國家的工具。

我曾聽見許多外國人或中國人說，中國人沒有愛國心，沒有共同生活的習慣，要共和是做不到的。其實這句話忘了一件重要的事實，就是世界各國在一百年前，也都是如此的。沒有普及教育和國家觀念的民族，閱書看報，既然不能，交換意見，須藉口語，如何責望他能有共同生活的習慣？只要教育推廣，各地人民都能讀書看報，知道過去、將來的利害，和本國各部及與外國的關係，自然能養成共同生活的民族了。

故眞正的共和國家，非用語言文字來解決不行的，因爲語言文字是社會生活的工具。我對於中國語言是外行，不能有解決的方法，但從道德的社會目的着想，有兩件事可以主張的：

（一）通信、做書、做報及交通應用的文字，都應該與國民大多數人日用的語言相接近，倘離得太遠了，決不能養成社會共同生活的觀念。近來中國白話運動的成效有這樣的速，大概就是人人知道需要大多數日用的語言的緣故。

（二）注音字母的問題。注音字母能於一個月中使失學的成人容易讀書，這話再三試驗，既屬的確，那是他的效用實在很可驚異。長成的人，已經失了求學的機會，倘能於短時間內得有偌大的效用，則簡直比西洋文字還快得多多。例如英文，一年學成，要算是很快的了。注音字母比從前繁重的漢文，其功效之大，不待言了，不過只有幾個注音字母，也是沒有用的。一方傳播注音字母，一方尤須預備進行，發刊注音字母的讀物。

我單提出語言文字來討論，不過是舉個例，其餘各科，也都有社會的作用。語言文字，不是個人認識了可以擺架子，表示自己所受的教育比別人格外高深之用，也不是專爲個人可以自修之用。其用在於養成社會共同生活的觀念，擴充眼界，不爲地方的局部的觀念所限。通信、作文等等，都是最重要的作用；再大而至於社會共同的知識學問，遺傳習慣，不但感情方面，還及於知識能力方面。故道德不是直接的，是間接的，各方都可以助成社會的習慣、能力和感情，便是道德的教育。

我此刻不必一一遍舉算學、歷史、地理、物理、化學等每科在社會方面的利用，做道德教育的重要工具，諸君可以推想而知。我今用一句話總括起來：教育的社會目的和道德目的的意思，可以把教授法、管理法和組織法一起貫串。我們很可以把這觀念做個試驗，看他是否能養成社會所需要的品格。我想以這個觀念貫串教育的宗旨，看他那一點成功，那一點失敗，然後逐漸的修正，一定得到很好的結果的。道德教育的重要，就因爲他無往不在，所以斷不是修身、倫理等科以一、二小時的訓練工夫可以辦得到的。唯各方面都含有這道德教育的大目的，然後可以做到。

從哲學講，道德教育的含意很深，最重要的是「個性」與「社會」的關係。道德教育不如旁的教育，他一方面發展個性，養成個人的知識、能力、感情；

一方發展之後，還須使社會的同情格外增加。所以問題在怎樣使個性發展，同時並把同情的範圍擴大，對於社會情願盡忠，情願犧牲。

這個問題的所以困難，因爲社會與個人，很似背馳的。所以倘個人方面太注重了，或社會方面太注重了，都有流弊。個人方面太注重時，每每流於自己出風頭，不惜淩駕別人；或獨善其身，與別人沒有關係。社會方面太注重時，又每每流於個人不負責任，以爲古代如此，大家如此，我何必有所主張。故個人與社會，不但方向不同，直似互相妨礙，道德的問題，自很難解決了。

這個問題，與民治主義的問題是一樣的。怎麼說呢？民治主義（Democracy）也有同樣的兩方面：一方要使人人的個性有充分發展的機會，無論門戶、家產、等級，都須有機會發展他天然的能力；一方還要顧到社會方面共同意志的需要。換句話說，就是人人發展他的個性，因爲期在能做社會中有用的分子，輔助共同意志的表現。共同意志是至高無上的：個性的發展，在能對於共同利害負責任，有犧牲的精神。民治主義的社會、個人兩方面，與道德問題的社會、個人兩方面一樣的。

學校教育怎樣可以幫助解決這個不但是道德並是民治主義的問題呢？就是學校不但是預備將來的社會生活，簡直學校本身就是社會生活。學校本身既當作社會看，那麼也同社會一樣，有個人、社會兩方面。個人方面，一點一點的把他稟性所近、嗜好所近，或特別善良的個性提出來，使他能充分發展。社會方面，養成他的社會的知識，使他知道現在和將來社會的種種需要，及各種行業對於社會的種種關係。再說，共同生活尤須有犧牲的精神，情願犧牲自己的利益為社會共同的利益謀發展。這樣而後可以做到將來社會生活的目的。

學校內的民治與外面的民治一樣應該注意的重要之點，就是每一個人不是只配做領袖，也不是只配做輔從的。民治的大仇敵，就在一面少數人只做領袖，不做輔從；一面大多數人只做輔從，不做領袖。眞正民治精神，在乎領袖與輔從都從才具上分出來：甲對於某方面有長處的，在某方面是領袖，同時對於沒有長處的方面，還是輔從。乙對於另一方面有長處的，在另一方面是領袖，但對於甲的方面仍是輔從。這樣領袖和輔從同時交互並做，才是民治主義的眞正目的。

團體中領袖是不可少的，但只做領袖，不做附和，只出令而不受令，則習慣範圍狹小，漸漸與大多數人隔離，不能做團體的一部分。倘不做領袖，不能發展天才，在學校中只知附和先生所講或附和教科書，或附和同學，這種人對於團體非但不能有所貢獻，簡直是團體以外的人。補救的方法，就是使領袖人才越多越好，一方做領袖，同時在他方做附和。討論商量的結果，以全體的力量執行。領袖者一方拿出人格上的勢力來，同時一方受許多人的貢獻，則領袖者也得益處。結果大多數人都是團體的一部分，才是道德的民治的問題的解決。

我佈置這個十六次講演的時候，不知不覺中有一個意思常常在腦子背後。我到中國是五月初一，正與中國學生運動同時，所以腦子背後時時有一個學生運動的影子。講演中雖然不是處處說到，但却處處想到。學生運動可以表示一種新覺悟：就是學校教育是社會的，他的貢獻不但對於本地，對於小羣；還要對於大羣，對於國家。運動初起時未必有此觀念，但進行之後，不知不覺中却有此趨向。大半年來，言論上似乎有點覺悟。從前已經辜負了，此後對於社會、國家，想不會再有十分隔離的了。這好像是學生運動的意義。

這個運動的起來，稍爲有點觀察的人，都可以看出幾點短處：

（一）偶然的。因爲原於意外之事的發生。
（二）感情的。因爲實在憤激了，忍不住了，遂起來的。
（三）消極的。因爲是阻擋禁止一件事體，不讓他做去。

這三種短處，即無論如何熱心的人也應該承認的。但是進行以後，漸漸有意識的覺悟，知道教育有社會的責任和社會的作用。我希望這個趨向逐漸前進，不枉費於缺陷：從偶然的歸到根本的永久的事業上去；從感情的歸到知識的思想的事業上去；從消極的歸到積極的建設的事業上去。

我們這樣講，並不說感情可以不要。感情是要的，但須受思想的支配，用到基本的問題上去，不要把感情能力用在偶然的消極的事故上，白白糟蹋。這纔是有意識的運動，才可以把中國逐漸革新。西洋有句話：「羅馬不是一天造成的。」所以問題是很複雜。語言文字普及教育，使人人受其益處。經濟方面更複雜了，要有計畫發展天然富源，免致貧富不均，鬧出階級戰爭的慘狀，蹈歐美的覆轍。這全賴諸君受高等教育的去做有恆的事業纔是。

記者附注：

杜威先生這個講演，是北京大學、教育部、尚志學會[13]、新學會四個團體公請的。今天是講演的末了一次，所以四團體代表公推梁伯強先生致辭感謝，並再請北京大學代表胡適之先生翻譯。辭畢以後，杜威先生答說：「我因爲恐怕略有誤解的地方，所以再加一句：我所講的，並不完全根據于西方的成效，有許多也根據於西方的失敗的；因爲西方已經失敗，已經上當，所以希望中國人將來也許可以免除這個弊病；現在乘此新造教育制度的機會，中國倘能避免西洋失敗的弊病，將來成效一定比西洋爲大，我可以斷言的。」

13 一九一〇年（宣統二年）創立，旨在謀求學術及社會事業之改進，並從事多樣文化事業，出版多種科學書籍，知名哲學研究家林宰平亦曾爲該學會之主持人。

國家圖書館出版品預行編目資料

杜威的三十二堂課──胡適口譯，百年前演講精華 / 約翰 . 杜威 (John Dewey) 演講 ; 胡適口譯 . -- 初版 . -- 臺北市 : 網路與書出版 : 大塊文化發行 , 2019.05
320 面 ; 14.8*19.5 公分 . -- (黃金之葉 ; 18)
ISBN 978-986-96168-8-1(平裝)

1. 杜威 (Dewey, John, 1859-1952) 2. 學術思想 3. 社會科學

507　　108003766